JN086840

総務省解体論

強すぎる権限が
国家の機能不全を起こす

原 英史
Eiji Hara

ビジネス社

まえがき

コロナ危機に直面して、なぜ日本政府の対応は頼りないのか？

なぜ国と自治体の役割分担は混乱しているのか？

なぜデジタル化はなぜこんなに遅れたのか？

なぜ新聞・テレビはデタラメだらけなのか？

本書はこうした疑問を解き明かしていく本だ。これらの疑問は実は、いずれも「総務省」という役所の機能不全に起因している。どういうことかはあとで順を追って述べていく。


結論からいうと、総務省は大改革が必要だ。

現状は、国家の心臓部が機能不全を起こした状態だ。これを解消しなければならない。

総務省は２０２１年、会食接待問題で揺れた。当初は総務審議官らが菅義偉首相長男の在籍する東北新社から接待を受けたことが報じられた。国会でも追及がなされ、問題は広がった。東北新社は外資規制違反の状態で認定を受けていたことが判明し、認定取消しという異例の事態になった。フジテレビの外資規制違反が放置されていたことも明らかになった。さらに、ＮＴＴからの会食接待も判明した。接待の対象は官僚だけでなく、総務大臣ら政治家にも広がった。

この種の不祥事が起きるとよく、「組織を解体せよ」との主張が出てくる。ただ、「悪さをした奴らを懲らしめてやろう」という脊髄反射的な解体論には価値がない。私はここで、そうした主張を展開するつもりはない。

問題は、不祥事の裏には、往々にして組織の機能不全が潜んでいることだ。適正に組織を再設計すれば、機能不全を解消し、パフォーマンスを高めることができる。ここで述べたいのは、そうした総務省改革論だ。

過去の事例を思い出しておこう。かつて１９９８年、大蔵省が接待汚職問題で大いに揺らいだ。収賄罪の逮捕者も出し、大蔵官僚１１２人が処分を受け、大蔵大臣は辞任する事態になった。

不祥事の裏にあったのは、金融行政の機能不全だ。官民一体の「護送船団方式」。さじ加減次第の「裁量行政」。当時の大蔵省は「箸のあげおろしまで監督する」とよく言われたものだ。金利の設定、金融商品の内容、支店開設はじめ、法的な許認可権限があろうがなかろうが、何から何まで大蔵省の了解が必要だった。そして、大蔵省の了解のもとで運営する限り、「護送船団方式」で守ってもらえた。この仕組みが、横並びで不良債権の処理を遅らせ、日本の金融市場が世界から大きく取り残される原因になった。

機能不全は不祥事の温床ともなった。かつての金融機関は、エリート社員を「ＭＯＦ担」として配し、大蔵省との連絡調整や接待にあたらせた。バブル期から90年代にかけ、料亭やゴルフでのとんでもない金額の接待も当たり前だった。当時の金融行政の下では、金融機関にとって、大蔵省の担当官と良好な関係を築くことが生命線だった。接待がエスカレートするのも無理はなかった。

そうして90年代半ば頃から、ノンバンクの不良債権処理問題などさまざまな形で機能不全が噴出する。そこに接待汚職問題も加わって、結局、大蔵省は解体されることになった。律令制以来の歴史ある「大蔵省」という役所をなくすことには強い抵抗もあったが、財政・金融を分離し、金融部門は「金融庁」（その前段階で98年から「金融監督庁」）、財政部門は「財務省」になった。金融庁では、財務省との人事異動を制限し、外部の法曹人材も大量に採用し、新たな組織としての実態確立を図った。ルールに基づく透明な行政への転換が徹底された。

金融庁に組織が変わって、かつての大蔵省時代と比べ、金融行政はずっと健全になった。もちろん１００点満点というわけではない。種々の問題は抱えている。しかし、少なくとも、かつての官民癒着の裁量行政からは様変わりした。ドラマ『半沢直樹』でも、登場する金融庁の官僚は、金融機関をひたすら厳しく取り締まる役回りだ。権力を振りかざす点など、かつての大蔵官僚に通ずる面もあるが、とはいえ、連日の料亭接待を受けて癒着していた過去のイメージは消え去った。

総務省の今回の不祥事は、かつての大蔵省と同様、水面下に機能不全の問題が潜んでいる。不祥事は、機能不全が部分的に噴出したに過ぎない。

マスコミや国会では、こうした不祥事があると、「1人7万円もの高額接待」「ワインの銘柄は……」といったことばかりに注目しがちだが、問題はそこではない。機能不全を見出し、必要な改善を施し、組織のパフォーマンスを向上させることが、本当の課題だ。

読者の中には、総務省とこれまで何も接点がない人もいるかもしれない。そんな組織のパフォーマンスがどうなろうと、あまり自分たちには関係ない、と思うかもしれない。

本書を最後まで読んでいただけば、そうではないことがおわかりいただけると思う。総務省は、「国の行政機能」「自治体の機能」「情報通信」という、国家経営の心臓部を担う。国民の生活に深く関わり、国の将来、私たちの子供たちが豊かに暮らせるかどうかを大きく左右する。さらに、総務省は「マスコミ」を事実上所管する役所でもある。「あまり関係ないが、不祥事で問題になった役所」と認識していたら、考え違いだ。

「総務省」がどのようにして発足し、いかに機能不全が生じてきたのかから話を始めよう。

2021年5月

原　英史

総務省解体論　目次

第5章 地方自治を信用しない「自治行政」

第1章

国家の心臓部の機能不全

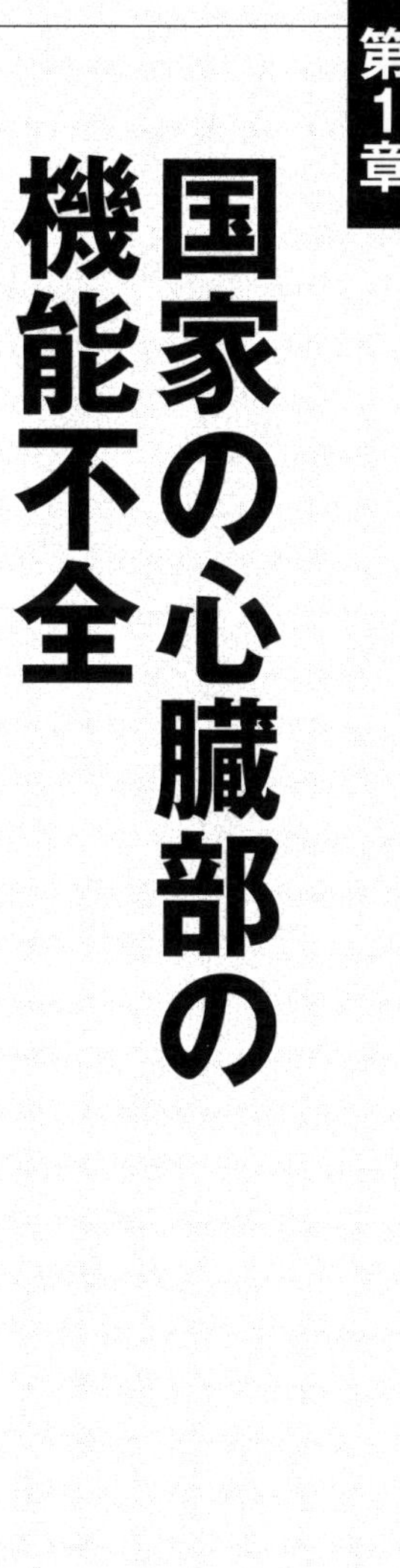

総務省の沿革

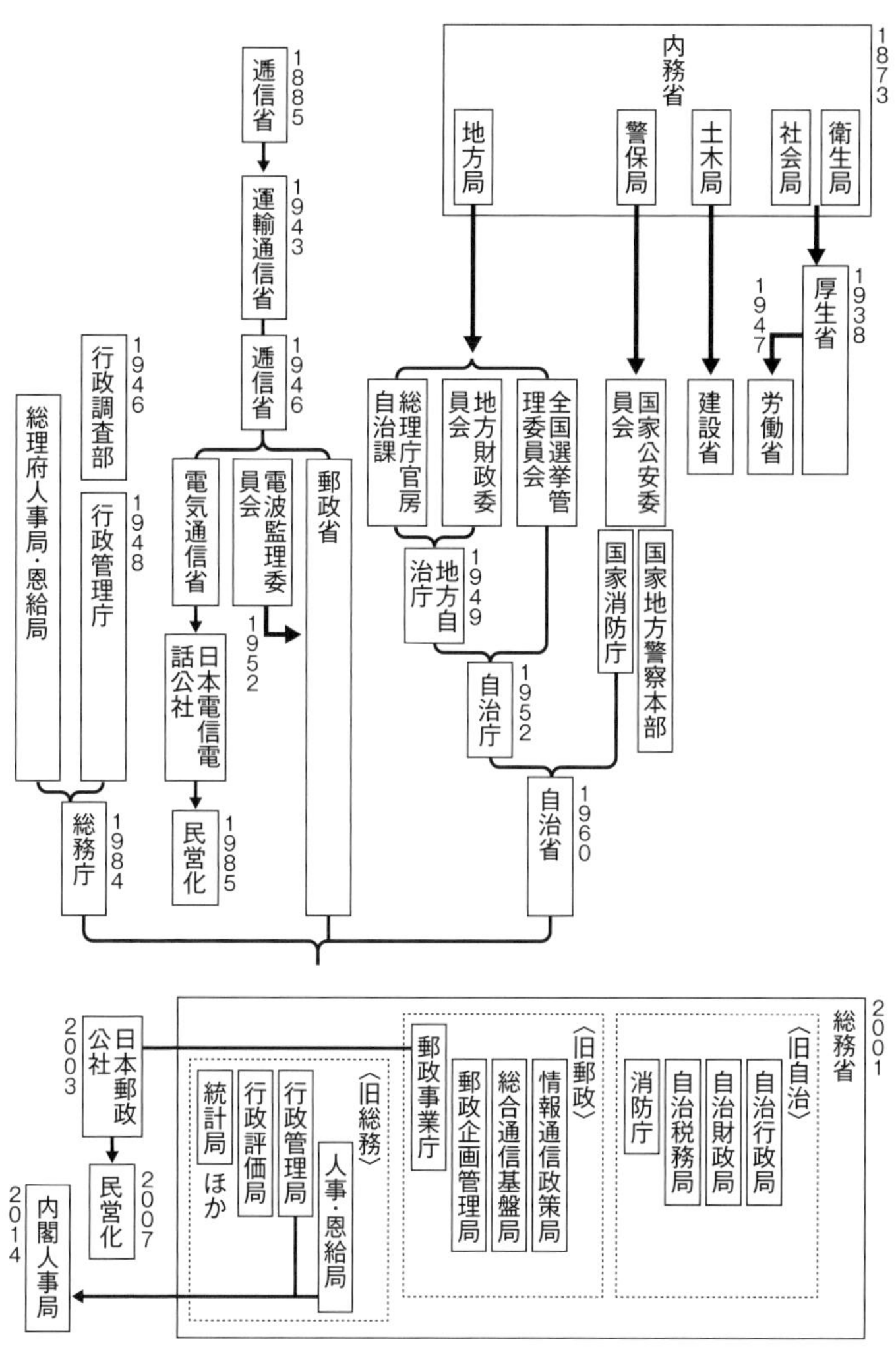
内務省 1873
地方局
警保局
土木局
社会局
衛生局
厚生省 1938
1947
労働省
建設省
国家公安委員会
国家消防庁
国家地方警察本部
総理庁官房自治課
地方財政委員会
全国選挙管理委員会
地方自治庁 1949
自治庁 1952
自治省 1960
逓信省 1885
運輸通信省 1943
逓信省 1946
電気通信省
電波監理委員会
1952
郵政省
日本電信電話公社
民営化 1985
行政調査部 1946
行政管理庁 1948
総理府人事局・恩給局
総務庁 1984
総務省 2001
〈旧自治〉
自治行政局
自治財政局
自治税務局
消防庁
〈旧郵政〉
情報通信政策局
総合通信基盤局
郵政企画管理局
郵政事業庁
〈旧総務〉
人事・恩給局
行政管理局
行政評価局
統計局
ほか
日本郵政公社 2003
民営化 2007
内閣人事局 2014

1 総務省誕生までのいきさつ

3省庁はバラバラのまま

総務省は2001年に発足した。「情報通信」「地方自治」「行政管理」を所管している役所だ。

それ以前は、「郵政省」「自治省」「総務庁」という役所があった。それぞれ、情報通信、地方自治、行政管理を所管していた。またあとで詳しく述べるが、郵政省は、「情報通信」だけでなく「郵政」も担っていた。名称からも明らかなように、伝統的にはむしろそちらが主任務だったが、2005年に郵政は民営化された。

これら3省庁が、橋本龍太郎内閣の主導した省庁再編で統合されることになった。だが、ちょっとみればわかるように、3つの分野に関連性はない。バラバラな分野を無理やりくっつけた不思議な組織だ。これが総務省の本質である。

一般に組織の合併でこういうことはやらない。関連性のある組織同士をくっつけるものだ。それならシナジー効果が生まれ、効率化も進みやすく、組織のパフォーマンスが高まるからだ。

２００1年の省庁再編で新設された役所でも、「国土交通省」（建設省・運輸省・国土庁・北海道開発庁が統合）、「文部科学省」（文部省・科学技術庁が統合）、「厚生労働省」（厚生省・労働省が統合）は、関連性のある分野で統合がなされた。

「国土交通省」は、国土・交通インフラに関連する。「文部科学省」は、教育と科学技術はまあ関連しそうだ。「厚生労働省」は、医療・年金・労働など多岐にわたるが、とはいえ元は一緒の役所だった。源流は内務省（衛生局、社会局の2部門）で、１９３８年に「厚生省」として切り出され、１９４７年に労働部門が「労働省」として分離されたものだ。

ところが、総務省は違う。「地方自治」と「行政管理」はまだ、行政全般に広く関わるとの意味合いで共通性が見出だせないでもない。だが、「情報通信」になると、屁理屈をつけようにもつけられないレベルで、およそ関連性がない。

だから、総務省の発足以来、実際の政策運営も人事も、3部門ごとにバラバラになされてきた。旧組織がなかなか交じり合わないことは、他の統合された役所もそうだし、役所に限らず銀行などでもよくみられる。

だが、総務省の場合、バラバラの度合いが段違いだ。同じ建物だが、3省庁はそれぞれ別のフロアに分かれる。人事は、採用からその後の人事配置まで、3省庁で分割してなされている。

いちおう人事担当の「秘書課長」というポストがあり、形のうえでは総務省全体の人事を差配しているはずだが、実態は違う。現実には「秘書課長」は3人いる。秘書課長と同格の「官房参事官」というポストが2つあって、例えば総務庁出身者が「秘書課長」ポストにつく場合は、郵政省・自治省の出身者が「官房参事官」ポストにつく。省庁再編以前と同様に、3省庁それぞれの人事をやっているわけだ。

さらに特徴的なのは採用だ。例えば厚生労働省では、省庁再編前に採用された職員は「旧厚生」「旧労働」の色がついたままだが、再編以降の採用は一元的になされてきた。色分けをせずに人事配置を行い、組織統合は徐々に進んでいる。

これに対して総務省は、採用すら統合していない。あるいは、統合不能というべきかもしれない。旧3省庁のカラーがあまりにバラバラで、例えば旧自治省だと在職期間の半分は自治体出向で転勤続きになるなど、志望理由も人生設計も全く違ってしまうためだ。こうして採用段階から今も、「自分は旧自治」などと思って入省してくるわけだから、将来的にも組織が交じり合うことはない。

玄関の看板にはいちおう「総務省」と書いてあるが、一歩中に入れば、「旧郵政」「旧自治」「旧総務」という3省庁のままだった。

近年の実質的「事務次官」

	事務次官	総務審議官（行政制度担当）	総務審議官（自治行政担当）	総務審議官（情報通信担当）	総務審議官（国際担当）
2015.7—2016.6	桜井俊（旧郵政）	笹島誉行（旧総務）	佐藤文俊（旧自治）	—	旧郵政
2016.6—2017.7	佐藤文俊（旧自治）	笹島誉行（旧総務）	—	福岡徹（旧郵政）	旧郵政
2017.7—2019.7	安田充（旧自治）	若生俊彦（旧総務）	—	鈴木茂樹（旧郵政）	旧郵政
2019.7—2019.12	鈴木茂樹（旧郵政）	長屋聡（旧総務）	黒田武一郎（旧自治）	—	旧郵政
2019.12—	黒田武一郎（旧自治）	長屋聡（旧総務）	—	谷脇康彦（旧郵政）→空席	旧郵政

それでも、官僚トップの事務次官は1人になったはず、と思う人もいるかもしれない。これもそんなことはない。「総務審議官」という事務次官級ポストが複数あって、3省庁から必ず実質的な「事務次官」が選ばれている。業務がバラバラである以上、それぞれにトップがいないと組織が回らないのだ。

肩書上の事務次官は、最近は旧自治か旧郵政のいずれかから選ばれる。このため、旧自治から事務次官が出れば旧郵政が総務審議官、旧郵政から事務次官が出れば旧自治が総務審議官という具合だ。旧総務は常に総務審議官ポストが割り当てられる。ちなみに、もう1つ国際担当の総務審議官というポストがあるが、これは国際交渉などを担う準事務次官だ。もともとは「郵政審議官」（情報通信関係の国際業務担当）で、他省でいうと財務省の「財務官」、経済産業省の「経済産業審議官」などに相当する。

3省庁統合の顚末

こんなおかしな統合がなぜなされたのか？　橋本龍太郎内閣で首相秘書官を務め、省庁再編をど真ん中で推進した江田憲司氏（現・衆議院議員）によれば、「政治的妥協の産物」だ。

まず、省庁再編の全体像をざっとみておくと、1府22省庁から1府12省庁へと省庁の数がほぼ半分になった。細分化しすぎた官庁が複雑な行政課題に対応しきれなくなっており、大括りで再整理する必要があるとの問題意識だった。各論の争点は数限りなくあったが、中でも、「大蔵省改革」と「郵政事業見直し」が二大難題だった。加えて、「内閣機能の強化」が大命題とされた。

残されている公開資料から、当初の設計図（行政改革会議「中間報告」、1997年9月）をみると、「総務省」には、郵政省は入っていない。この段階では、実は郵政省は解体される方向だった。つまり、

- 郵政3事業のうち、郵貯・簡保は民営化し、国営で残す部分は外局「郵政事業庁」に、

内閣と総務省～「中間報告」の設計図

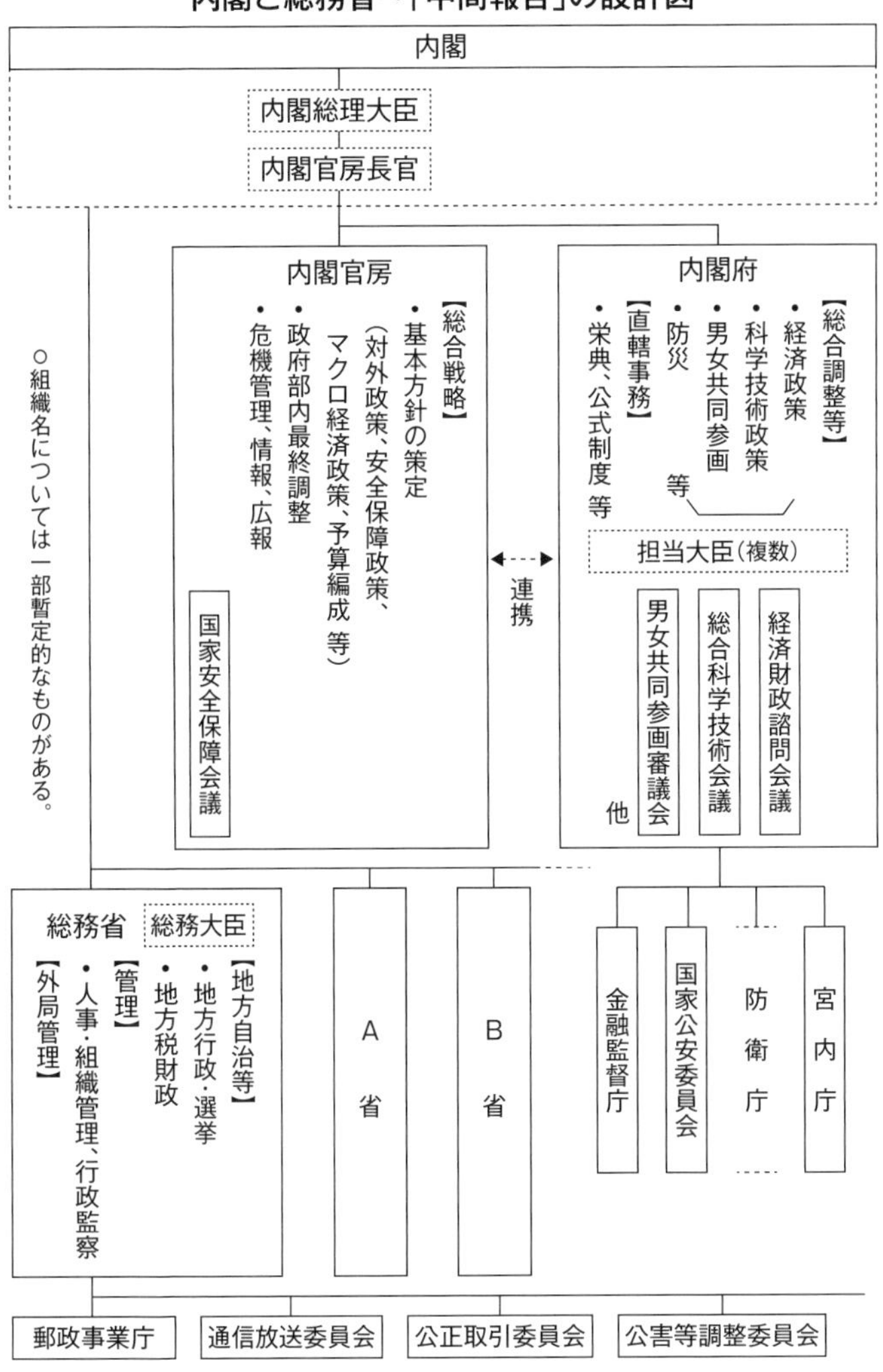

出典：行政改革会議中間報告（1997年9月）

・通信・放送行政は「通信放送委員会」（公正取引委員会と同様の独立委員会）に、
・情報通信産業は「産業省」に統合、

とされていた。

「総務省」は、この段階では、いわば「第2内閣府」との位置づけだった。総務庁は、もともと第二臨調で内閣機能強化のために設けられた役所だから、本来は内閣府のど真ん中に位置付けられてもおかしくなかったが、内閣の肥大化を避けて切り離された。そこに地方政府を担う自治省もくっつけ、「総務省」とするのが「中間報告」の段階での設計案だった。

江田氏に事情を聞くと、この「総務省」という構想自体がそもそも間違いのもとだったのだという。

江田氏らのもともとの構想では、「内閣機能の強化」のため、内閣の組織をもっと大きくするはずだった。総務庁は当然そちらに入るはずだった。一方で、自治省に関しては、「地方分権庁」として内閣府の外局とする構想だった。

ところが、これに反対したのが行政学者や憲法学者だ。内閣の組織拡大は法制的に認められないとの論陣を張り、譲らなかった。このため、「総務省」という役所を設けることになり、そこに自治省も入り込んだ。そして、「中間報告」以降にさらに郵政省も入り込むことになるのだが、いったん話を戻そう。

「中間報告」の解体案に驚いた郵政省は、ここから強力な巻き返しに出る。郵政省はもともと政治力の強い役所だ。全国に約2万の特定郵便局長は、地元の名士の家系が世襲で務めてきた。これを会員とする全国特定郵便局長会（民営化後は全国郵便局長会と改称したが、今も略称は「全特」だ）は、そのOB会「大樹」と一体となって、強力な集票力を発揮してきた。

政治力をフル活用し、郵政族議員とともに、組織存続に向けた巻き返しがなされた。「民営化したら郵便局がつぶれる」との脅しは、選挙で協力してもらってきた自民党の議員たちには有効だった。結局、3か月後の行政改革会議「最終報告」（1997年12月）では、郵政3事業の民営化は消えた。一体のまま当面は「郵政事業庁」とし、5年後（2003年）に「郵政公社」にすることになり、「民営化等の見直しはしない」との条件がわざわざ明記された。

「通信放送委員会」案も退けられた。ここでは自民党議員が「独立委員会にしたら政治が放送に口を出せなくなる」と強く反対したことが大きかった。

組織をどこに持っていくかは、3つの案が浮上した。郵政と情報通信を一体で、(1)通産省に統合する「産業通信省」案、(2)運輸省に統合する「運輸通信省」案、(3)総務省に入り込む「総務省滑り込み」案、の3案だ。

(1)の「産業通信省」案は、情報通信分野で当時、郵政省と通産省が「VAN戦争」などの不毛な縄張り争いを繰り広げていた中で、検討する価値の大いにある案だった。しかし、当時の通産省は郵政も一体での統合に難色を示し、まとまらなかった。

(2)の「運輸通信省」案は、かつて逓信省時代の一時期、運輸と通信が一緒に扱われたことを考えれば、それなりに納得感のある案だった。自民党内でもこれを推す声は強かったが、橋本首相らは拒んだ。

結局、「政治的な妥協」の産物として、(3)の「総務省滑り込み」案で落ち着くことになった。

当時、郵政省官房総務課課長補佐として省庁再編への対応にあたった中村伊知哉・iU学長、同じく郵政省に勤務していた菊池尚人・慶應大学特任教授に話を聞いたところ、この3つの案について興味深い解説をしてくれた。当時、郵政省は3案を巡って意見が割れた。それは「情報通信」の捉え方の違いだったのだという。

郵政省内で、局長級は「産業通信省」案を望んだ。これは情報通信を「産業」と捉えていたためだった。課長級は「運輸通信省」案だった。これは情報通信を「インフラ」と捉えていたためだ。そして、中村氏ら課長補佐以下は「総務省」案をとった。情報通信を「横断的な政策課題」と捉えていたためだった、という。

つまり、中村氏らの考えでは、総務省に入ることで、旧総務庁と一体で政府全体のＩＴ化を進め、旧自治省と一体で自治体のＩＴ化も進められるはずだった。これは、20年後に

内閣と総務省～「最終報告」の設計図

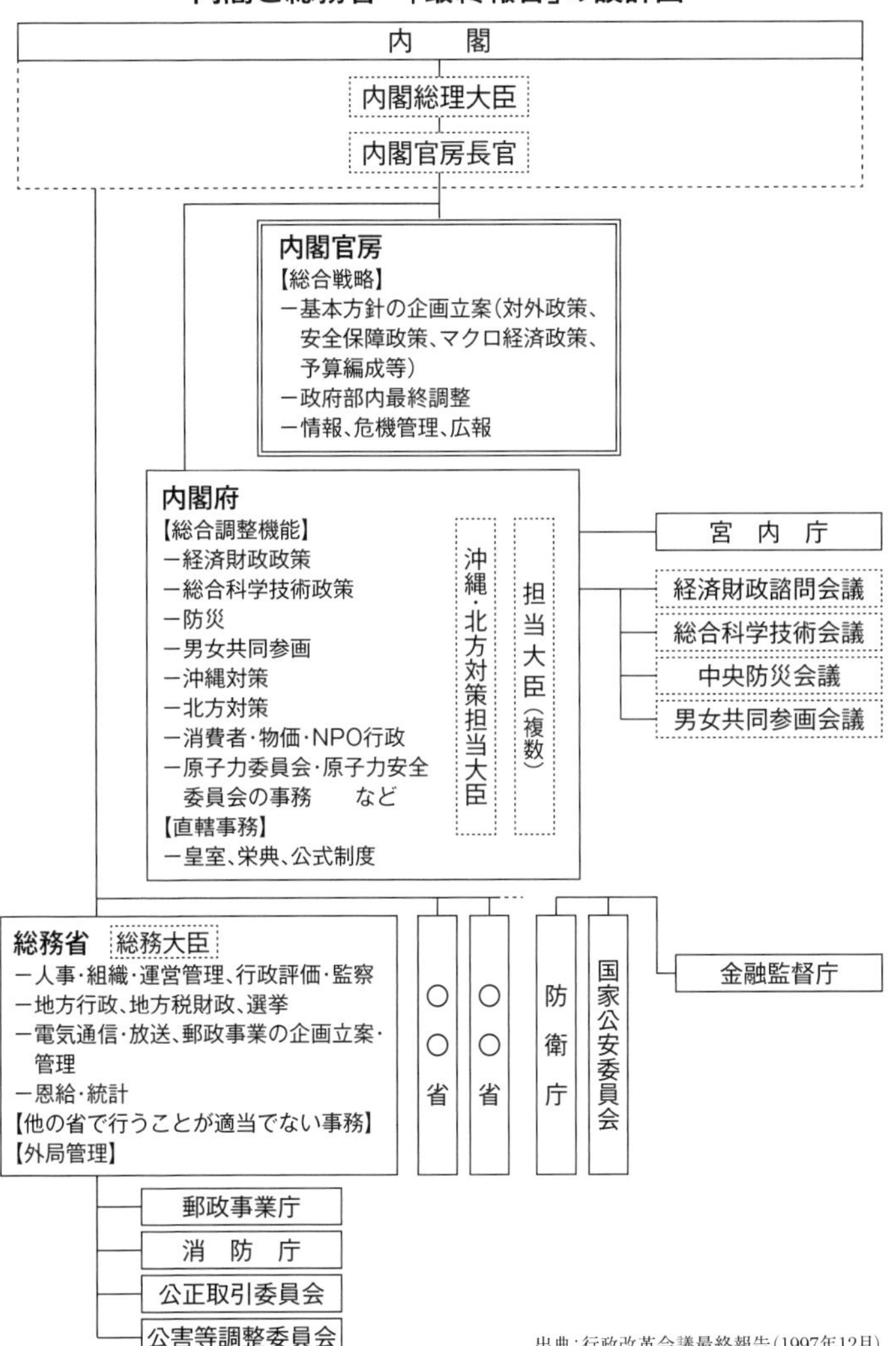
内　閣
内閣総理大臣
内閣官房長官
内閣官房
【総合戦略】
ー基本方針の企画立案（対外政策、安全保障政策、マクロ経済政策、予算編成等）
ー政府部内最終調整
ー情報、危機管理、広報
内閣府
【総合調整機能】
ー経済財政政策
ー総合科学技術政策
ー防災
ー男女共同参画
ー沖縄対策
ー北方対策
ー消費者・物価・NPO行政
ー原子力委員会・原子力安全委員会の事務　など
【直轄事務】
ー皇室、栄典、公式制度
沖縄・北方対策担当大臣
担当大臣（複数）
宮　内　庁
経済財政諮問会議
総合科学技術会議
中央防災会議
男女共同参画会議
総務省　総務大臣
ー人事・組織・運営管理、行政評価・監察
ー地方行政、地方税財政、選挙
ー電気通信・放送、郵政事業の企画立案・管理
ー恩給・統計
【他の省で行うことが適当でない事務】
【外局管理】
○○省
○○省
防衛庁
国家公安委員会
金融監督庁
郵政事業庁
消　防　庁
公正取引委員会
公害等調整委員会

出典：行政改革会議最終報告（1997年12月）

創設される「デジタル庁」を先取りする発想だったといってもよいだろう。

しかし、現実の総務省は、中村氏らが思い描いた姿にはならなかった。旧郵政省と旧総務庁・旧自治省が交じり合うことはなく、電子政府の推進も自治体のＩＴ化も、その後停滞を続けることになった。

結局、郵政省の若手官僚らの夢はかなわず、「総務省」はバラバラな3省庁の寄せ集めに終わった。江田氏にいわせれば「省庁再編の失敗作」だ。統合による機能向上がもたらされることはなかった。

さらに、２００1年以降の組織の変化もみておこう。

まず、「旧郵政省」のうち郵政部門は、日本郵政公社（２００3年〜）になった。その後、省庁再編時の約束は反故にされ、小泉内閣のもと２００5年に民営化が決まった。

日本郵政を監督する部局は残されているが、情報流通行政局（放送事業なども所管する）の中の「郵政行政部」に縮小された。ただ再編当初は、テレコム2局＋郵政1局だったが、民営化を経て、テレコム２・5局＋郵政０・5局（郵政行政部）になった。「旧郵政省」といっても、実態はもはや「テレコム省」だ。

「旧総務庁」では、再編時には「人事・恩給局」があった。これは、２０１4年に「内閣人事局」が発足し人事部門が移管され、なくなった。「行政管理局」の組織・定員部門も移管された。

行政管理局はもともと、各省庁の組織・定員管理を担う部局だった。予算は大蔵省主計局が査定するように、組織・定員は総務庁行政管理局が査定を担当した。この機能が内閣人事局に移った。さらに、規制緩和などの業務は、あとで述べるように「改革の細分化」で消えていった。結果として、行政管理局は今やかなり空洞化しているが、かつての行政管理庁以来の由緒ある部局として存続している。

3省庁それぞれの源流

３省庁の源流についても、それぞれの役所の特質を理解するのに必要な範囲で、簡単に触れておこう。

郵政省の源流は「逓信省」だ。「駅逓局」（郵便）と「電信局」（電報）が１８８５年に統合され、「逓」と「信」をあわせて名づけられた。郵便は１８７１年に前島密の建議で創設された。電報は１８７０年に東京・横浜間でスタートし、西南戦争（１８７７年）の頃には全国に電信網が広がっていた。近代日本のスタートダッシュを逓信省が支えた。このほか、交通や電気を所管したこともあった。

戦後は、ＧＨＱのもとで「郵政省」（郵便）、「電気通信省」（電話・電報）、「電波監理委員会」（電波割当などの規制を担当する独立委員会）に３分割された。「電波監理委員会」は、

ＧＨＱ下で米国流の独立委員会が多く設けられたうちの１つだったが、占領統治が終わると郵政省に吸収され、電気通信省は「日本電信電話公社」となった（１９５２年）。

郵政省は以上のとおり、もともと現業を担ってきた官庁だ。政策官庁より一段下のような扱いをされた時代もあった。だが、情報通信分野の進化・拡大に伴い、政策官庁に脱皮を遂げた。

逓信省時代は、郵便（事務屋）と電信（技術屋）の間は微妙な関係だった。地位は郵便が上だが、収益は電信が支えた。この微妙な関係が、郵政省と電電公社になっても引きずられ、郵政省は「電電公社の出先窓口」と言われることもあった。

80年代以降に「ＮＴＴ再編」を巡って、郵政省とＮＴＴはたびたび対立した。郵政省は分割を求め、ＮＴＴは分割に抵抗した。激しい対立の根底には古くからの微妙な関係があった。ＮＴＴ再編問題は２０２０年に大きな展開をみせる。これはまたあとで述べる。

自治省の源流は「内務省」だ。１８７３年、大久保利通がプロイセンの帝国宰相府などを参考に設置した。当初は、殖産興業、鉄道・通信なども含め、内政全般を広く担ったが、農商務省や逓信省が独立。その後は「地方局」（のちの自治省）、「警保局」（のちの警察庁）、「国土局」（のちの建設省）、「衛生局」（のちの厚労省）、「社会局」（のちの労働省）、「神社局」などの領域をカバーした。

内務省は強大な官庁だった。だからこそ、戦後ＧＨＱが「内務省解体」を求めた。強さの根源は、「地方」「警察」「選挙」の３つを握っていたことだ。地方を支配し、警察力で人民を支配し、選挙で政治家を支配した。今では考えられないが、当時は内務省が選挙に干渉することもよくあった。１８９２年の第２回衆議院議員総選挙では、内務大臣から地方官に対し、政府に賛成する候補者の選定・応援が指示された。政府に何かと反対する民党の候補者に対しては、ささいな選挙違反を口実にした嫌がらせなどもなされた。こうした選挙干渉はその後、１９４２年の翼賛選挙にまでつながっていくことになった。

１９４７年に解体された後も「内務省復活論」はたびたび出てきた。１９５６年には鳩山一郎内閣が「内政省設置法案」（自治庁、建設省などを統合）を国会提出したことがあった。その後も、地方制度調査会で「内政省設置」「官選知事復活」が検討された。池田勇人内閣で設けられた第一次臨調で「内政省設置」（自治省、検察庁を統合）が検討されたこともあった。しかし実現に至らず、かつての「地方局」の部分だけで、地方自治庁、自治庁を経て、自治省として復権することになった。

総務省が発足した当初、「内務省復活」と評する人もいた。これは全く的外れだ。ここまでの説明を読んでいただければお分かりのとおり、たしかに自治省は内務省の中核だったが、それ以外の２省庁は関係ない。

総務庁は、比較的歴史は浅い。戦後、軍国主義的制度を廃し、民主主義体制を樹立するため１９４６年に「行政調査部」が設けられた。１９４８年に「行政管理庁」に改組され、行政全体の管理を担った。組織・定員の査定などのほか、幅広い行政改革を担った。

また、総理府には「人事局」「恩給局」「統計局」があった。人事では内閣から独立した「人事院」もあるが、給与勧告などは人事院、人事管理などは総理府人事局、という二元行政が1965年に確立した。恩給局と統計局は、いずれも明治初期からの由緒ある組織だった。

これらが、第二臨調の「総合管理庁構想」に基づき、統合されて「総務庁」になった。

さらに、こうして源流の異なる異質の組織が「総務省」に統合されることになった。

2 総務省20年間で何が起きたか？

総務省は「情報通信」「地方自治」「行政管理」を所管している。

それぞれの領域で、20年前と現在を見比べ、どんな変化があったかをみてみよう。

通信業界は「土管産業」に

20年前は、ブロードバンド接続が広がり始め、インターネットが急速に普及した時期だった。当時はまだ光回線ではなくＡＤＳＬ（１９９９年〜）だが、インターネットの普及率は１９９６年３・３％から２０００年37・１％に急拡大。携帯電話の普及率は１９９６年24・９％から２０００年78・５％と、一足先に誰もが利用するサービスになった。

ＮＴＴドコモがｉモードをスタートしたのが１９９９年だ。携帯電話をインターネットにつなぐサービスは、世界最先端の地平を切り拓いた。日本は世界に先んじてインターネット大国になり、ｉモードは世界に広がり、日本の通信産業の未来はバラ色、と多くの人が信じていた。

ところが、その後の20年でどうなったか。世界最先端だったはずのｉモードはiPhoneとアンドロイドにとってかわられ、情報通信サービスはＧＡＦＡに席巻された。花形だったはずの通信業界は、今や「土管産業」とも呼ばれる。ＧＡＦＡに土管を提供するだけに等しい、旨味の乏しい産業に転落してしまった。

これが、総務省発足後の20年で、「通信行政」の領域で起きたことだ。

テレビは衰退の一途

20年前は、デジタル衛星放送がスタートした時期だった（1996年にCS、2000年にBS）。本格的な多チャンネル時代に突入し、テレビはさらに飛躍していくかにみえた。当時の大学生の就職先ランキングでも、NHKや民放キー局は上位に名を連ねていたものだ。

ところが、その後の20年、テレビは衰退の一途を辿った。若者のテレビ離れは進み、ネットフリックス、アマゾンプライム、ディズニープラスなどインターネットでの配信サービスが急速に広がった。広告市場では2019年、とうとうインターネットとテレビの逆転が生じた。就職先ランキングの上位からテレビは姿を消した。

総務省の発足後、「放送行政」の領域で起きたことだ。

中央集権は残ったまま

20年前は、「地方分権」が盛んに唱えられた時期だった。「改革派知事」たちが注目を集め、国も分権を推進した。とりわけ画期的だったのは2000年の「機関委任事務」の廃止だ。

それ以前の地方自治体は、国の指示に従って事務を担う、下請け企業のような存在でもあった。これが廃止され、地方自治体は国と対等の関係になった。中央集権のくびきから解き放たれ、自治体が自らの創意工夫で政策競争を繰り広げ、地域を活性化していくかと思われた。

ところが、その後の20年でどうなったか。２０００年代にも三位一体改革などの分権改革は続いた。しかし、結果として、国と自治体の関係は本質的に変わっていない。実態は国が上から指示を出し自治体は従う、中央集権的な行政運営が大きく残ったままだ。

２０２０年のコロナ禍ではこの曖昧な関係が露呈し、しばしば混乱を招いた。小池百合子・東京都知事の「(自分は）社長かと思っていたら中間管理職だった」との発言が混乱ぶりを象徴した。

総務省発足から20年たって、これが「地方自治」の現状だ。

省庁の機能低下が進む

20年前に省庁再編がなされ、総務省自体もこのときに発足した。省庁再編は橋本龍太郎内閣が主導し、「戦後型行政システム」を作り直して制度疲労を解消するとの強い決意のもとになされた。設計書の行政改革会議「最終報告」（1997年）では、「この国のかたちを再構築する」との理念が高らかにうたわれ、間違っても省庁の「看板の掛け替え」に終わることはないはずだった。

ところが、20年後の今日、省庁再編の結果はどうなったか。総務省は完全に「看板の掛け替え」に終わった。ほかの役所はまだましなところが多いが、とはいえ、再編の成果は限定的だ。大きく変わったといえるのは金融庁ぐらいだ。厚生労働省に至っては、逆に肥大化で機能不全を招いたと指摘される体たらくだ。官庁全般に、国会対応のための深夜残業など職場環境は悪化し、残念ながら年々、機能低下が進んでいるようにみえる。

総務省の「行政管理」部門は、政府全体の行政運営を管理し、必要な改善を施す役回りだが、これが、総務省発足後、政府全体で起きていることだ。

3 総務省の抱える3つの機能不全

競争政策の不徹底による、ぬるま湯状況

以上で起きたことが、すべて総務省の責任とはいわない。

例えば、ＧＡＦＡやネットフリックスが日本から現れず、日本勢が防戦一方になったのは、まず日本の経営者たちに大きな責任がある。米国の競争相手たちと比べ能力や先見性を欠き、20年前に広がっていたチャンスを生かせなかった。経営者だけではない。新たなチャレンジャーを支えるベンチャーキャピタルなどの環境の違いは大きかった。チャレンジャーに否定的な社会風土の問題もあった。２０００年代のホリエモン騒動で露わになったとおりだ。

だが、それを土台で支えていたのが、実は政府の機能不全だ。より具体的にいえば、競争政策が徹底されていなかった。

通信分野では、電電公社民営化（1985年）以降、「競争促進」が図られてきた。単に民営化するだけでなく、競争が生じてこそ、料金の引き下げやサービス向上が実現するからだ。

ところが、2000年代以降、「競争促進」の動きは鈍った。携帯電話市場は寡占構造に陥り、競争が働かなくなった。「日本の携帯料金は高い」とたびたび指摘されているが、競争が働いていないから高い料金を設定し続けることができる。携帯電話会社だけでなく、端末メーカーもその恩恵にあずかり、端末を頻繁に買い替えてもらえる構造だった。iPhoneが日本から生まれなかった根源はここだ。

放送分野はもっとひどい状態だった。田中角栄郵政大臣当時に形作られたテレビ局の業界構造が「護送船団」行政によって守られ続けていた。テレビ番組のネット同時配信が進まなかった原因もこれだ。技術的にはとっくに可能になり、欧米諸国では2000年代に開始された。だが、日本では長らくなされず、2020年になってNHKプラスが始まり、ようやく民放にも広がろうかという段階だ。

日本で遅れた理由は、ネット配信がなされると、キー局と県単位のローカル局という業界構造を脅かすからだった。「護送船団」で進化の途を閉ざしてきた。コンテンツ制作者たちもそこに安住した。だから、ネットフリックスは日本から生まれなかった。

要するに、「競争政策の不徹底」が、ぬるま湯の業界構造を生んだ。そこでは、経営者が能力や先見性を欠いても、そこそこ稼ぐことができる。新たなチャレンジャーはなかなか現れない。既存の仕組みを根底から引っくり返す破壊的イノベーションは生じない。政策が機能不全を起こしている間に、米国ではGAFAやネットフリックスが巨大企業に成長し、かつては有利なポジションにいたはずの日本勢はすっかり追い込まれた。

旧郵政省の「不透明な馴れ合い構造」

私は、この20年の間、役所の内外で行政改革・地方分権・規制改革に関わり、総務省とも多くの接点を持った。

役所を2009年に退職する直前は、行政改革担当大臣補佐官（2007～08年）などを務めた。その後、政策シンクタンク「政策工房」を立ち上げ、同時に、大阪府・市の特別顧問（2011年～）、国家戦略特区ワーキンググループ委員（2013年～）、規制改革推進会議委員（2017～19年）なども務めてきた。

それらの活動の中で、「旧郵政省」「旧自治省」「旧総務庁」の各部門の官僚たちとは、多くの議論をした。尊敬できる人たちと数多く出会い、よい成果が得られたこともあった。だが、その一方で、それぞれの部門の機能不全も強く感じてきた。

機能不全は部門ごとに存在する。「旧郵政省」（情報通信部門）は、先に述べたような

「競争政策の不徹底」、結果としての「不透明な馴れ合い構造」だ。

私が「旧郵政省」の官僚たちと何度も議論してきたテーマの1つに、「電波割当」があった。これも「不透明な馴れ合い構造」の代表例だ。世界の多くの国では1990年代から「電波オークション」が広がった。しかし、日本では見送られ、旧郵政官僚が誰に割り当てるか審査する「比較審査」方式が続いてきた。

電波の利用ニーズは今後どんどん拡大する。これを見据え、私が行ってきた問題提起は、「電波の帯域を新規参入者にも開放し、もっと透明な割当方式に改めてはどうか」ということだった。これに対し、旧郵政官僚からいつも返ってくる答えの1つが、「電波の帯域が欲しい事業者がいるなら、自分たちに相談に来させてほしい。悪いようにはしないから」だった。

たしかに、事業者が総務省に相談にいくと、そこそこなんとかしてもらえる。プラチナバンドなどの価値の高い帯域はなかなか開けてもらえないが、それでも有力政治家に頼み込めば動いたりする。堀江貴文さんが人工衛星用の電波割当を求めたときも、当初は難航したが、大臣に話に行ったらすぐ動いたことがあったそうだ。ソフトバンクの孫正義社長も、携帯電話事業に参入した当初は「総務省の電波割当は不透明。焼き討ちしたい」とまで言っていたが、そのうち満足のいく割当が得られ、文句は口にしなくなった。

そこそこなんとかしてもらえる。これが、実は問題の根源だ。

旧郵政官僚たちの答えを聞きながら、私はいつも、かつての大蔵官僚たちを思い出していた。大蔵官僚たちも同じようなことを言っていた。そして、そこそこなんとかしていたものだ。

私は１９９０年代初め、通産省（当時）で商品先物行政を担当していて、金融行政と直接激突したことがある。商社やリース会社が商品先物で組成した金融商品「商品ファンド」を販売しようとして、大蔵省証券局からストップをかけられたためだ。法令上は大蔵省にそんな権限はなかったが、「証券のファンドに類似している」との理由での行政指導だった。

そこで、大蔵省証券局に「そんな行政指導はおかしい」と文句をつけにいったら、そこにいたのが証券局課長補佐の高橋洋一氏（現・内閣官房参与）だった。高橋氏とは後に「政策工房」を一緒に立ち上げることになるが、最初の接点はこのときだ。当時のことは高橋氏との共著『国家の怠慢』で詳しく書いたので、ここでは省く。

話を戻すと、このとき高橋課長補佐らの最初の答えは、「大蔵省に事前に相談してくれたらよかったのに。問題のない金融商品なら認めたよ」だった。私は当時役所に入ってまだ間もなかったが、これを聞いてかなり驚いた。法令上のルールはないが、「ともかく大蔵省に事前に相談すべきだった」という。「金融行政の世界は法治主義ではないんだな」と思ったことを、もう30年も前のことだがよく覚えている。

商品ファンドの事件は結局、大蔵省と通産省で一緒にルールを作ることになって決着した。さらにその後、金融行政は金融庁に移行し、「ルールに基づく透明な行政」へと転換していった。

だが、この間の30年を経て、今も同様のスタイルで行政運営しているのが「旧郵政省」だ。「ともかく事前に相談せよ。おとなしく従うなら、悪いようにはしない」という方式だ。

おとなしく従っていれば、そこそこなんとかしてもらえる。いったん仲間に入ってしまえば、対応は温かい。不透明だが、そのうちむしろ居心地はよくなってくる。これが「不透明な馴れ合い構造」だ。官民で馴れ合っているので、政治も手を突っ込みやすい。

「不透明な馴れ合い構造」の業界では、そこそこ稼ぐことはできる。しかし、大きな成長はない。新たなチャレンジャーは現れず、破壊的イノベーションは生じない。そして、役所と良好な関係を築くことが事業の生命線だから、癒着は生じやすい。

日本からＧＡＦＡが出てこなかったことと、総務省の接待問題は、実は根っこは同じだ。どちらも「不透明な馴れ合い構造」が背景にあった。

旧自治省の「中央統制の呪縛」

「旧自治省」（地方自治部門）は、また異質の問題を抱えている。明治以来の「中央統制の呪縛」だ。

自治省は地方自治の味方のはず、と思っている人も多いかもしれないが、決してそうではない。「自治省」はもともと、地方自治を制限し、国が統制を行うための役所だった。本来、「地方自治」を本当に徹底するなら、国に「自治省」という役所はいらない。実際、米国など多くの国では、「自治省」にあたる役所は存在しない。

日本では戦前、中央集権的に行政を運営した。長い年月をかけて草の根から民主主義を育んだ欧米諸国と異なり、中央政府が主導して富国強兵を図る必要があったためだ。内務省を中心に国が地方を統制し、府県の知事は「官選知事」で内務省から送り込まれた。

戦後になって、ＧＨＱが「地方自治」を持ち込んだ。ＧＨＱが集権的統制の中心とみなした内務省は解体され、官選知事は公選知事になった。しかし、憲法に「地方自治」と書き込まれたからといって、現実はそう簡単には変わらない。かつての中央統制の仕組みは実態面では相当程度生き延びた。内務省は解体されたが、かつて地方を統制する役割を担った地方局は「自治省」と名を改め復権した。官選知事の仕組みこそなくなったが、自治省は自治体幹部を送り込み続けた。

戦前の名残ともいえる機関委任事務は、2000年に廃止されるまで存続した。都道府県の業務の7―8割、市町村の業務の3―4割を占めた。自治省だけでなく、関係省庁がそれぞれに地方を統制していた。

知事経験者から、「知事は本当の意味で県庁のトップではないんだ」との愚痴を聞くことがある。県庁の各部門は、国の官庁の指示のもとに仕事をする。総務部は自治省、農林水産部は農水省、建築・都市計画部は建設省、といった具合だ。各部門の職員にとって、知事以上に、それぞれを担当する国の官庁が上司だった。

「地方分権」が前進したはずの2000年代になり、「自治省」が「総務省」に看板を掛けかえても、この構図は大きくは変わらなかった。

機関委任事務は廃止されたが、各省庁は自治体に対し「技術的助言」と称し、担当課長から知事らへの通達を出し続けている。指示や監督ではなく、あくまで「助言」という建前だが、実態はほぼ変わらない。受け取る側の自治体にとっては、国に背くのは至難の業だ。大阪府知事・市長として辣腕をふるった橋下徹氏でさえ、「僕は選挙で選ばれたはずなのに、省庁の課長の通達のほうが力が強くて抗えない。こんな仕組みはおかしい」とよく言っていたものだ。

地方への統制を続けた元締めが「旧自治省」だった。

私は旧自治官僚たちとも、さまざまな改革プロジェクトで議論してきた。例えば、大阪府・市特別顧問の立場で関わった「大阪都構想」では、地方自治法との関係をどうするかが課題だった。地方自治法で「都は東京だけ」と定められ、大阪府と大阪市の合併は、地元でどれだけ必要だといっても法律上許されないことになっていたからだ。

大阪府・市で公務員制度改革に取り組んだ際は、地方公務員法が壁になった。自治体でどんな人事制度を設計するかも、それぞれの自治体に任されておらず、国の法律で事細かに定められていた。

そんな経験も踏まえ、２０１３年に政府の検討する「国家戦略特区」の制度設計に参画した。地域で独自の制度を設けられる仕組みづくりを模索し、ここでも旧自治官僚たちと議論を重ねた。

それぞれ議論を経て、相当の成果はあった。「大都市特別区設置法」が制定され、大阪都構想は、住民投票を経れば実現できることになった。大阪府・市では職員基本条例が制定された。「国家戦略特区」は法制化され、地域発の規制改革を数多く実現した。

だが、それぞれに、私からすると「もっと自治体に委ねる制度にしたらよいのに」と思う点があった。私が共通して問題提起してきたのは、「自治体が自らの責任でやりたいなら、できるようにしたらよい」ということだ。これに対し、旧自治官僚たちの答えはいつも、「そんなことはできない。とんでもないことをする知事や市長が出てきてしまう」だった。たしかに、とんでもないことをしかねない知事や市長はいるのだろうし、懸念はわかる。しかし、そうやって地方を統制している限り、自治体はいつまでたっても一人前にはならない。

自治体はこうして、分権改革以前とさして変わらないまま今日に至っている。形の上では一人前のはずだが、実態は半人前だ。あいまいさは無責任構造ももたらし、地方の衰退を止められなかった。東京・大阪などの都市が世界の都市間競争に乗り出す際の足かせにもなった。コロナ禍で露呈した国と自治体の間の混乱も、そのあいまいさに起因した。根源は、旧自治省が「中央統制の呪縛」から抜け出せていないことだった。

旧総務庁は「改革の細分化」で埋没

「旧総務庁」（行政管理部門）は、総務省に統合されて埋没してしまった。

これは、官僚トップの事務次官人事をみればわかる。総務省発足当初は、旧総務庁の官僚も事務次官ポストについていた（第3代、第6代が旧総務）。ところが、2007年以降は、事務次官ポストは旧自治と旧郵政でわけあうことになり、旧総務からの事務次官は出ていない。

これは組織統合ではありがちなことだ。統合した3省庁の中で、旧総務庁は規模が小さかった。大きな2省に飲み込まれてしまった面があった。

だが、それ以上に大きかったのが、仕事の成果の面での埋没だ。

かつての総務庁や、さらにその前身だった行政管理庁は、予算や権限の面では小粒だが、壮大な仕事を成し遂げる役所だった。代表例が「土光臨調」として知られる、第二次臨時行政調査会（第二臨調）だ。第二臨調を立ち上げた中曽根康弘・行政管理庁長官は、そのまま首相の座に駆け上がり、三公社（国鉄・電電公社・専売公社）民営化を成し遂げた。第二臨調は総理直轄で、事務局には官民の人材が登用されたが、中核で支えたのは行政管理庁の官僚たちだった。

第二臨調は、三公社民営化のほか、財政再建、食管改革など多くの課題に取り組み、成果をあげた。そのひとつに「総合管理庁構想」もあった。内閣全体の行政管理機能を強化しようとの構想で、これを受け、行政管理庁に総理府人事局も統合して「総務庁」が発足した。

第二臨調は臨時行政改革審議会（行革審）に衣替えし、さらに内閣機能の強化（安全保障会議や外政審議室などの創設）、地方分権などの課題に取り組んだ。細川護熙内閣では「規制緩和」がクローズアップされた。当時、政権の実質的な屋台骨だった小沢一郎氏は、著書「日本改造計画」で、「グランドキャニオンには柵がない」との逸話をもとに、政府のパターナリスティックな規制から自己責任への転換を唱えた。細川内閣で総務庁の政務次官を務めた小池百合子氏（現・東京都知事）は、「規制緩和」の旗振り役となり、地ビール解禁などわかりやすいテーマを掲げて注目を集めた。本格的な規制緩和はここからスタートした。当時、総務庁は毎年「規制緩和白書」を公表し、規制緩和に大いに力を注いだ。

振り返ると、この当時の「行政改革」は、幅広い概念だった。組織再編も、民営化も、地方分権も、規制緩和も、公務員制度改革も、行政手続も、情報公開も、政策評価も、すべて「行政改革」とされ、総務庁の担当領域だった。

ところが、今日では、様相がすっかり変わった。内閣の担当大臣の職名をみると、「行政改革」担当のほかに、「地方分権改革」（２０１４年以降は地方創生）担当、「規制改革」担当、「国家公務員制度改革」担当などがある。「行政改革」は、組織再編や行政の無駄削減などだけを意味する、狭い概念に変質した。

変質は、省庁再編の前後から生じた。「地方分権」「規制改革」（２０００年代以降は「規制緩和」でなく「規制改革」と呼ばれるようになった）など、それぞれの改革部局の独立・細分化が進んでいったからだ。それぞれの課題に専門的に取り組むようになり、改革組織が発展したともいえる。

だが、マイナス面も大きかった。「改革の細分化」で、推進力が低下した面があった。例えば、保育所の待機児童問題を解消しようとすれば、「規制改革」（設置要件の見直し）

も、「地方分権」（国から自治体への権限移譲）も、「行政改革」（保育所と幼稚園の所管がそれぞれ厚労省と文科省）も関わる。本来は統合的な改革プランが求められるが、改革部局の縦割りがこれを阻んでしまうことがあった。

改革部局が分断工作にあうこともよく起きる。改革対象の省庁は、複数の改革部局を相手にしている。そのうち最も力の弱そうな改革部局を狙って、先に実効性の乏しい「改革プラン」もどきで握ってしまう。他の改革部局には「このプランで合意済み。当面は成果を見守ってほしい」といって、逃げ切りを図るわけだ。私自身、分断工作にあって改革が阻まれた経験が何度もある。

そして、より大きな問題は、「改革の細分化」に伴い、改革を支える人材が雲散霧消したことだ。かつて改革全体を支えていた旧総務官僚たちは、細分化とともに存在感を失った。

例えば、「規制改革」はかつては総務庁のテリトリーだったが、今やその面影はない。現在の規制改革の組織は、その中でさらに細分化され、全国での規制改革を担う「規制改革推進会議」（内閣府）、地域限定の規制改革を担う「国家戦略特区」（内閣府）などがあるが、いずれの組織も旧総務庁の存在感は小さい。「地方分権」も同様で、今やどちらかというと旧自治省のテリトリーだ。旧総務庁のテリトリーは狭義の「行政改革」ぐらいになってしまった。

こうして、「改革のプロ」だった旧総務官僚たちは存在感を失い、かつてのような大仕事を成し遂げる機会は失われ、諸改革の推進力は低下した。

推進力低下の帰結の例をあげておこう。菅内閣になって2020年末、「企業の農地所有の解禁」を巡り、官邸の会議が紛糾したことがあった。出席した大臣や民間委員の間で意見が割れ、最後は総理が「預かる」との異例の事態になった。結局、全国で解禁はせず、特区限定で継続との結論に落ち着いた。この「企業の農地所有の解禁」はいわゆる岩盤規制の代表格で、もう20年以上議論が続いている。それなのにいまだに議論中で、実現に至っていない。規制改革がいつまでたっても進まない背景には、「改革の細分化」があった。

以上のように、総務省の3部門は、それぞれに機能不全を抱えている。旧郵政省は「不透明な馴れ合い構造」、旧自治省は「中央統制の呪縛」、旧総務庁は「改革の細分化」だ。

3つの分野はバラバラで関連性がないと述べてきた。だが、1つだけ共通点がある。いずれも国家経営の成否を決める、国家の心臓部にあたることだ。

「行政管理」は、中央政府全体がまともに機能するかどうかを決める。

「地方自治」は、地方政府がまともに機能するかどうかを決める。

「情報通信」は、これからのデジタル化の最重要インフラにあたる。古来、国家の経営者は、道路や水路などの土木インフラを整備してきたが、現代これに相当するのが「情報通信」だ。

これからの世界で、自由主義経済圏と権威主義経済圏の間の緊張はさらに高まり、ＡＩやロボットで社会の枠組みは大きく変わる。世界の経済社会が大きな転換期を迎えている。この局面で、政府がまともに機能しているかどうかは、その国の浮沈に関わる。今後10年の国家経営の成否は、これから１００年の国の盛衰、国民の生活水準を大きく変えることになる。

国家の心臓部が機能不全を起こした状態では、この大転換期を戦えない。だから、総務省の大改革を迅速にやり遂げないといけない。これは、縁遠い役所の世界の話ではない。国民が強い関心をもって注視すべき課題だ。

第2章

接待問題の根源は「電波割当」

1 総務省の強すぎる規制権限

根源は電波帯域の限定性

総務省接待問題は、残念な出来事だった。処分を受けた官僚たちの中には、これまで一緒に仕事に取り組み、よく知っている人たちもいる。成果をあげてきた尊敬できる官僚たちだった。

もちろん良い仕事をしていても、公務員倫理に反したことは許されない。この際、膿を出しきらないといけない。さらに霞が関全体で、官民や政官関係を規律するルールを改めて見直し、強化・徹底することも必要だ。

だが、それよりも、もっと根源的な課題がある。規制権限の問題だ。なぜ総務省でこんな接待が横行したかといえば、総務省には強力な規制権限があるからだ。それも、霞が関の標準と比べ、とりわけ強力な権限だった。

そもそも許認可などの規制権限は、どこの役所でも共通して権力の源泉だ。かつての金融機関はＭＯＦ担をおいて大蔵官僚への接待を繰り返した。規制のお目こぼしや有利な取り計らいをしてもらえると期待したからだ。金融機関に限らず、多くの業界で所管官庁への接待は日常的になされ、所管官庁からの天下りも受け入れた。官庁には規制権限があり、良好な関係維持が民間事業者にとって死活的に重要だったからだ。

規制権限は官僚にとって、対民間のみならず、対政治でも力の源泉だった。官僚は口利きでは政治家に無理を強いられる側なのでは、と思うかもしれないが、そうではない。口利きに応じることで、官僚は政治家に貸しを作れる。政治家は支援者などに恩を売れる。政官ともに力を高める源泉が規制権限だった。

90年代以降、こうした癒着構造は問題視されるようになった。大蔵省接待汚職を契機とした「公務員倫理法」（１９９９年）、口利きを規制する「斡旋利得処罰法」（２０００年）などが制定された。

並行して、癒着の源泉である規制権限の合理化・透明化も図られた。かつては「官僚の胸三寸の裁量行政」が幅を利かせていたが、「行政手続法」の制定（１９９３年）、細川護熙内閣以降に本格化した規制改革などで、「透明なルールに基づく行政」への転換が少しずつ前進した。裁量的なお目こぼしなどは、多くの行政分野で徐々に難しくなった。

そうした中、今日に至るまで強力な裁量的権限を維持してきた部門の１つが、旧郵政省

（通信・放送部局）だ。

なぜ権限を維持し続けられたかというと、根源は電波帯域が限られていることだ。モバイル通信も放送も、電波がなければ動かない。ところが電波の帯域は有限で、中でも、いわゆるプラチナバンドなど使い勝手のよい帯域はごく希少だ。

だから、通信・放送分野の許認可は、電波割当そのものをはじめ、多くが割当方式になる。つまり、利用可能な帯域が限られているため、認められる事業者の数はあらかじめ決まっている。限られた席の獲得を目指して事業者が申請し、総務省が割当を行う。こうした割当方式では、一定の最低基準さえクリアすれば認められる一般的な許認可と違い、官庁の力は格段に強大だ。

しかも、割当の判断基準は、必ずしも明快・透明ではない。これは、優劣つけがたい複数候補からどうしても誰かを選ばなければならない場合、最後は難しい判断になるためだ。

例をあげよう。今回の東北新社が認定を受けた衛星放送事業者の場合、事前に審査基準が公表されている（２０１８年放送法関係審査基準第7条、別紙3）。これをみると、一定の要件（広告放送が3割超えないと明記するなど）を充たして同一順位になった場合、最後は「総合的」判断に委ねられる。「総合的に勘案し、最も公共の福祉に適合するものを優先する」とされ、判断要素は「放送番組の多様性（より放送番組の多様性の確保に資する）」、「放送番組の視聴需要（放送番組について視聴者の需要がより高い）」など15項目があげられる。

https://www.soumu.go.jp/main_content/000729870.pdf

最後はこんな基準だから、結論先にありきで事業者を決めて、あとから説明をつけることも、そんなに難しくはない。ここが問題の根源だ。裁量的な強い権限が接待の温床になった。

「ルールの透明化」と「規制主体の透明化」

今回の事態を機に、通信・放送分野では、規制権限の抜本改革に取り組むべきだ。解決策は2つある。

第一は、「ルールの透明化」。つまり、裁量の余地を極力なくすことだ。

長年議論されてきた「電波オークション」はその1つだ。日本の電波割当は「比較審査」方式で、総務省が審査し、割り当てるべき事業者を選んできた。しかし、役人が全知全能なわけではないし、癒着や政治介入の余地も生じやすい。

そこで入札価格で決定する「オークション」方式が提唱され、90年代以降各国で導入が進んだ。今や日本以外の全ＯＥＣＤ加盟国で導入されたが、総務省は拒み続けてきた。２０１８年電波法改正でようやく一歩前進し、「経済的価値を勘案した割当方式」が制度化

衛星放送の割当へのオークション導入（総務省でのかつての検討）

今後新たに衛星放送（BS、CS）の帯域を割り当てる際に、ソフト事業者にオークション制度を導入することの可能性について、どのように考えるか。

○衛星放送については、地上放送と異なり、コンテンツを製作・供給する衛星基幹放送事業者（いわゆるソフト事業者）ではなく、衛星を運用する事業者（いわゆるハード事業者）に周波数の割当てを行っている。

衛星基幹放送事業者（ソフト事業者）→放送法に基づく「認定」
衛星運用事業者（ハード事業者）→電波法に基づく「免許」

○衛星基幹放送事業者（ソフト事業者）については、認定に係る審査基準を公表し、公募を行った上で、申請内容を審査し、電波監理審議会への諮問・答申を経て、認定を行っている。具体的な審査手続としては、
①まず、必ず満たすべき条件として、a）経理的基礎、b）技術的能力、C）番組基準の策定、……等への適合性を審査し（絶対審査）、
②さらに認定可能な数を上回る申請がある場合には、a）広告放送の割合、b）青少年の保護、c）字幕番組の充実、d）放送番組の高画質性といった観点から、優先順位をつける（比較審査）ことで、
放送の健全な発達を確保している。

○**これらの基準と、オークション制度において重視される経済的価値の基準の関係をどのように捉えるのかを考慮する必要がある**と考えられる。

出典：規制改革推進会議資料（2017年10月30日投資等WG、総務省提出資料）

されたものの、より透明な割当方式の模索が課題だ。

衛星放送でも、「電波オークション」ではないが、類似の仕組みが可能だ。

衛星の放送の場合、例えばBS-NHKやWOWOWといったチャンネルを運営する会社は、直接に電波割当を受けているわけではない。電波割当を受けるのは、衛星を運用する「放送衛星システム」（NHKと在京キー局出資）と「スカパーJSAT」だ。

チャンネル運営会社は、衛星運用会社からスロットの割当を受け（中継機を意味するトランスポンダの割当とも呼ばれる）、スロットを利用して番組を流している。ただ、その割当も衛星運営会社に委ねられているわけではなく、総務省が認定を行う仕組みになっていて、先ほどの審査基準が出てくるわけだ。

このスロットの割当についても、「総合的判断」で不透明に決めるのではなく、オークションなどのより透明な方式に切り替えたらよい。総務省は電波オークションには強く否定的だが、トランスポンダ割当のオークションはそうでもなく、かつては真剣に検討され、規制改革推進会議でも議論したことがあった。当時実現に至らなかったことは悔やまれる。今度こそ実現すべきだ。

第二は、「規制主体の透明化」。つまり、許認可の判断が官民癒着などで左右されない組織にすることだ。

参考になるのは原子力規制委員会・規制庁だ。従来の原発行政では、振興と規制の双方を同じ経済産業省が担っていた。しかし、福島第一原発事故後、これが規制の不徹底につながったのでないかとの指摘がなされた。そこで、規制部門を分離し、環境省のもとに原子力規制委員会・規制庁が設けられることになった。

通信・放送分野の場合、例えば、電波割当に関わる権限を分離するのが一案だ。電波が有効利用されているかどうか外部から監視する仕組みにすれば、規制権限の透明化が期待できる。原子力規制委員会のように、独立規制機関として中立性・公正性を高めたらよい。

こうしたプランは、これまでも何度か「日本版ＦＣＣ（米国の連邦通信委員会）構想」などの形で議論されてきた。最近では２０１７年、自民党行政改革推進本部（当時は河野

公共用周波数の民間開放に関する緊急提言

平成29年5月30日
自由民主党
行政改革推進本部
官民電波利活用PT

第四次産業革命の進行に伴い、IoT、自動走行、自動飛行などをはじめ、あらゆるモノがつながり、これまで不可能だったサービスや機能が現実化しつつある。それを支える基盤のひとつが電波である。

電波の利用ニーズは、これまでもスマホの普及拡大などに伴い急速に拡大してきた（移動通信トラヒックは2010年から16年までに約20倍）。今後、第五世代移動通信システム（5G）が導入され、さらに第四次産業革命が加速していけば、より飛躍的な拡大が見込まれる。また、短期的には2020年の東京オリンピック・パラリンピックでも、電波の利用ニーズ拡大が見込まれる。

新たな電波の利用ニーズに応えるため、米国や英国では、公共用に割り当てられた周波数を効率化・再編し、民間開放する取組が進められている。平時は民間、必要なときは官が利用するといったダイナミックな共用技術の開発・導入の動きもある。

このような取組に関して、我が国は出遅れている。民間開放以前に、公共用周波数に係る情報開示すら十分ではなく、有効に利用されているかどうかも不透明である。米英のように民間開放の目標設定もなされていない。このままでは、周波数の確保がボトルネックになり、第四次産業革命で我が国が後れをとることにつながりかねない。また、東京オリンピック・パラリンピックでの不十分な対応や混乱にもつながりかねないと危惧する。

政府の規制改革推進会議でも、同様の問題意識から検討がなされている。しかし、これは単に規制改革の課題ではない。国や自治体に割り当てられた周波数という、政府の保有する資産をいかに有効に利用し、新たな経済成長のボトルネックの種をいかにスピーディに解消するか。すなわち「成長戦略に直結する行政改革」である。当PTでは、こうした見地から、識者や関係省からの意見聴取、検討を行った。これを踏まえ、政府が緊急に取り組むべき施策を提言する。

5. 周波数割当行政の体制見直し

現在の周波数割当行政では、目標設定、官民それぞれへの割当、利用状況のチェックなどをすべて総務省が担っている。公共用周波数の民間開放に向け、このような体制のままで機能するのか、具体的には、横並びの役所のひとつである総務省が再編を大胆に進められるのか、割当とチェックを同じ総務省が担って機能するのかなどに疑義がある。また、割当機関に関して、他国に例があるような独立性の高い機関が必要でないかとの議論もかねてよりある。

こうした中、今回の緊急提言1~4に関わる総務省の取り組みが不十分であると判断された場合は、資産管理の観点から指令塔機能の切り離し（前記1で、資産管理・有効活用の体制整備）、チェック機能の切り離し（前記2で、第三者機関による監査導入）を速やかに行うべきである。

出典：自民党行政改革本部「公共用周波数の民間開放に関する緊急提言」（2017年5月30日）

太郎本部長）が電波割当に関する権限を総務省から分離することを提言した。

さらに遡れば、戦後初期のGHQ統治下では「電波監理委員会」という独立規制機関が存在した。その後独立回復とともに廃止された経緯もあった。

経済社会のデジタル変革（DX）の加速推進は、日本の最重要課題のひとつだ。その基盤となる情報通信分野が癒着状態を引きずっていたのでは、いくら「デジタル庁」を設けて旗を振っても動かない。

令和時代の仕様で「電波監理委員会」を復活させるべきだ。残念極まりない接待問題を、前向きな解決へと転じなければならない。

2 「電波の開放」とEテレ売却論の真相

経済社会のデジタル変革（DX）は喫緊の課題だ。オンライン診療もオンライン教育も、行政・民間の諸手続のデジタル化（象徴的には印鑑の問題）も、技術的にはとっくの昔に可能になったことが、規制で阻まれてきた。長年課題とされてきたがなかなか進まず、コロナ禍で問題が露呈した。

デジタル変革は古い仕組みからの転換を伴う。古い仕組みにはしばしば利権がへばりついていて、規制を隠れ蓑に変革を阻む。だから、多くの分野でちょっとしたオンライン化が思わぬほど抵抗を受けるが、その代わり、ひとたび進めば、それぞれの分野で根本的な変革につながる。デジタル変革の価値は大きい。

「電波の開放」は未来への変革に直結

デジタル変革の基盤が「電波」だ。

ＡＩもロボットも自動走行も自動飛行も、電波がなければ機能しない。例えば「スマート農業」で、農作物の状況をセンサーで把握し、無人ドローンで最適な肥料散布をしようとすれば、センサーからデータを飛ばすにもドローン操作にも電波がいる。「スマート防災」「スマート工場」「スマート建設」「スマート介護」なども同様だ。

旧来の移動通信（携帯電話）は、基本的に人と人をつないでいた。これからは、人口をはるかに上回るモノとモノが電波でつながり、データをやりとりするようになる。電波の重要性は飛躍的に高まっていく。

ただ、問題は、電波の帯域は有限で、とりわけ使い勝手の良い帯域は希少であることだ。そして、使い勝手の良い帯域は、古くからの住人がとっくに占拠している。

電波は歴史的には、最初は防災・救急などの「行政」が主たるユーザーだった。その後ラジオ・テレビの「放送」が現れ、1980年代以降に「携帯電話」が加わった。古くからの住人は、思わぬほど大きな帯域を占め、贅沢な使い方をしていたりする。こうした帯域を開放し、社会全体でより有効に活用することが課題だ。

「電波の開放」は、最先端で未来を切り拓けるかどうかに直結する。このため、米国ではオバマ政権下の2012年、まず「行政」をターゲットに、連邦政府用の周波数から最大1000メガヘルツ幅を官民で共用しようとの「周波数スーパーハイウェイ」構想が打ち出された。英国でも2010年頃から目標を定めて公共用周波数の民間開放が進められた。

日本でもやや遅れて2017年頃から、政府の規制改革推進会議や自民党行政改革推進本部でこうした議論がなされた。当時の河野太郎本部長のもとで、「ブラックボックス状態の解消」「公共用周波数の資産価値の精査を行い、政府資産として管理・有効活用」などを求める提言も出された（自民党行政改革推進本部官民電波利活用PT「公共用周波数の民間開放に関する緊急提言」2017年5月）。だが、その後の実現状況は不十分で、課題が残されている。

40チャンネル分のテレビ用電波を開放できるか

「電波」が特殊なのは、政府が割当権限を握り、特に日本の場合、「すべては総務省の判断次第」というブラックボックス的な色彩が濃いことだ。

不動産と対比してみるとわかりやすい。例えば賃料の安いエリアで、ゆとりある広大なオフィスを構えている企業があったとする。あるとき何らかの事情でそのエリアのオフィス需要が急激に高まれば、賃料が上がり、その企業は自ずと余剰スペースを放出し、新規参入者が入りやすくなる。

ところが、電波ではこうしたメカニズムが働かない。総務省が割当を行い、いったん割当がなされれば、安く使える仕組み（行政部門なら一般に無料、民間事業者はリーズナブルな電波利用料）になっているからだ。

旧来の占有者に、自ら効率化を図るインセンティブがない。これをなんとかすべきではないか？

こうした問題提起を総務官僚たちにすると、いつも返ってくる答えは、「帯域が有効に利用されているかどうかは、自分たちがちゃんとチェックしている。必要に応じ再編し、新たなニーズにも応える。心配には及ばない」だった。

しかし、この仕組みには限界がある。総務官僚たちがいかに頑張ってチェックするといっても、彼らは全知全能ではない。見落としは起きる。しかも、親しい関係を築いてきた事業者には、つい甘くなってしまうかもしれない。政治力の強い事業者には手を出しづらいことがあるかもしれない。結局、「裁量性」の問題が出てくるわけだ。

例えば、放送に割り当てられる帯域は、本当に有効に利用されているだろうか？　日本では地上波デジタルテレビは40チャンネル分、帯域でいうと470─710メガヘルツという広大な領域を占めている。言うまでもなく、実際に運営されているチャンネル数はそんなに多くはなく、せいぜい8つ程度だ（地域によってはずっと少ない）。

さすがに広大すぎるのでないかとの議論は以前からあった。これに対し、放送事業者の言い分は、電波が県を超えて飛び混信するのを防ぐためチャンネルを使い分けなければならず、やむを得ないということだった。

かつて規制改革推進会議でもこの議論をした。このときの放送事業者の答えは、結論からいえば、

•帯域をあけることは不可能ではない、

•しかし、再編にはコストがかかり経済性の問題がある、

ということだった。

つまり、問題は、電波では有効利用のインセンティブがないことだ。ＮＨＫも民放も、

地上波テレビ:40chのうち7chしか使っていない(茨城県の場合)

	13	14	15	16	17	18	19	20	21	22	23	24	25	26	27	28	29	30	31	32	33	34	35	36	37	38	39	40	41	42	43	44	45	46	47	48	49	10	51	52
水戸	E	N	T		A	V	F	G																																
高萩																							F			N	E		T		A			V	G					
筑波																																					G			
日立	E	N	T		A	V	F	G																																
鹿島								G						E																										
山方								G	F	T	V	A		E								N																		
大宮								G	F	T	V	A	N	E																										
男体								G	F	T	V	A		E								N																		
北茨城																												E		G										
竜神平				G					F	T	V	A															E		N											

*中継局のチャンネルはソフトウェアで変更できる

参考:規制改革推進会議投資等WG(2017年10月24日)での池田信夫・アゴラ研究所所長提出資料
https://www8.cao.go.jp/kisei-kaikaku/suishin/meeting/wg/toushi/20171024/171024toushi01.pdf

帯域をあけることは不可能ではないが、問題はコスト

○日本放送協会（児野専務理事・技師長） 先ほど申し上げましたように、かなりの放送波同士が県域サービスを前提にしていると干渉するわけです。先ほどの説明でも言いましたけれども、一見空いているように思っていても、それをいざ使ってみると思わぬところに混信を引き起こしてしまうというようなことが地デジをチャンネル設計したときに経験的に分かっていまして、例えばスカイツリーみたいに大きな電波を出すところは、関東のへりでぴたっと電波が止まる訳ではないのでかなり遠くまで飛んで行ってしまう。そうすると近隣の県に使えない電波を結果的にかなり生じさせてしまうことがあって、相当精緻にチャンネルプランをやった結果、今の形になっています。

ただ、本当に1チャンネルも全然空かないのかということであれば、もう一回、一から更地で設計し直せば、空くチャンネルを生み出すことは可能とは思いますけれども、それをやるためには1つチャンネルを変えると、先ほど言ったように、芋づる式に混信関係が複雑になってくるので、相当大がかりなチャンネル変更をやる結果になってしまうということで、本当にそれをやることが経済性に見合うかというのは検討する必要があるかと思っています。

参考:規制改革推進会議投資等ＷＧ(2017年10月25日)議事概要
https://www8.cao.go.jp/kisei-kaikaku/suishin/meeting/wg/toushi/20171025/gijiroku1025.pdf

40チャンネル分の帯域を占めていても微々たるコストしかかからない。電波使用料を払うのは40のうち実際に使われている分だけで、金額でみると全国放送のNHKで年間25億円、民放キー局はそれぞれ6億円程度に過ぎない（2019年度）。一方で、これを有効利用しようすれば、コストがかかってしまう。これでは、わざわざコストをかけて、帯域を縮減しようとするわけがない。

有効利用のインセンティブがない。これが、電波の特殊性であり、問題の根源だ。インセンティブを与える仕組みづくりは、早急に進めなければならない。

NHK・Eテレ売却論の真相

2020年秋、政策工房での筆者の同僚でもある高橋洋一・内閣官房参与が「Eテレ売却論」を週刊誌で唱えて世論を騒がせた。実はこれも「電波の開放」の提案の1つだ。私が某所で講演した内容が下敷きだが、Eテレの番組制作部門の売却ではなく、教育コンテンツをネットで提供し、帯域開放したらどうかと提案したものだった。「Eテレをやめろとは許せない」などと意図と異なる反発も招いてしまったので、真意を説明しておこう。

もともとEテレは地上波で流す必然性は乏しい。全国でほぼ同一の番組が提供されているので、以前から「衛星放送にしてはどうか」との議論があった。それでも総務省などが地上波にこだわってきたのは、「教育番組は学校で利用され、学校の中には地上波しか受信できないところもある」との理由だった。

事情を変えたのが、文科省の進めるＧＩＧＡスクール構想だ。学校教育のＩＣＴ化のためネット環境を全学校で整備することになった。そうなれば、地上波でなくても、ネットで番組を視聴できる。放送時間にあわせて授業を設定せずとも、アーカイブ視聴でずっと有効にコンテンツを利用できるわけだ。

地上波放送をやめれば、電波の帯域をあけられる。一部でも開放できれば、新たなデジタルサービスの提供につながる。Ｅテレを起点に、テレビの新たなビジネスモデルの構築、学校など社会での有効なコンテンツ利用、さらには電波の帯域開放につながる。一石三鳥の「ＮＨＫ改革」案を示したものだった。

もちろん、話はＥテレだけにとどまらない。県単位の民放ローカル局がそれぞれ放送波で番組を流す構造を見直せば、帯域は大幅に縮小できる。さらに、ネット配信が広がる中で、放送波をどこまで続けるのかも、そろそろ検討してよい時期だ。

米国では、従来はテレビが占めていた帯域をあけるため、２０１６―17年に「インセンティブオークション」が実施された。６１４―６９８メガヘルツ帯域をオークションで買い上げ、通信事業者に売却する２段階のオークションだ。結果的に約１００億ドルで買い上げ、約200億ドルでTモバイルなどに売却された。

一方、中国では2020年4月、従来は放送用だった700メガヘルツ帯の96メガヘルツ幅が移動通信用に用途変更された。

市場メカニズムを活用する米国と、政府が強力に再編を進める中国。その狭間で、どちらも中途半端な日本が「電波の開放」に出遅れるようなことになってはならない。

3 30年動かなかった電波オークション

日本だけが導入しなかった電波オークション

「電波オークション」は、古い政策課題だ。「規制緩和」が潮流となった1980年代から、世界各国で盛んに議論された。

かつて20世紀終盤までの世界では、西側諸国でも一定の経済統制が標準的だった。運輸・通信・電力・金融など多くの分野で、政府が価格や供給量を統制し、あるいは、より統制的な形態である国営・公営で運営されていた。転換の皮切りとなったのがカーター政権の航空自由化だ。その後、レーガン政権、サッチャー政権で規制緩和と民営化が強力に進められ、世界に広がった。日本でも同じ時期、中曽根政権で国鉄や電電公社の民営化などが実現した。

根底にある考え方は、政府の役人が経済活動をすべて把握して最適配分などできるわけがない、ということだ。経済活動が大きく広がり複雑化する中で、政府の統制は非効率や成長阻害など負の側面が拡大していた。

「電波オークション」もその１つで、世界中で議論がなされた。かつては世界のどこの国でも、誰に割り当てるかは政府が判断する「比較審査」方式がとられていた。しかし、政府の役人は「全知全能」ではないし、官民癒着や政治的圧力で歪んでしまうこともある。それならば、「オークション」で入札額に応じて割り当てたほうが、公正に有効利用が図れるはずだ。

もともとは経済学者のロナルド・コースが１９５０年代に提唱し、「規制緩和」の流れの中で議論が本格化し、80年代末以降、携帯電話の普及とともに世界各国で導入された。先進諸国はもちろん、インド、タイ、ブラジルなどにも広がった。

実務の進展と連動して学術研究も進み、２０２０年ノーベル経済学賞には、電波オークションの理論的研究を行ったスタンフォード大のポール・ミルグロム教授、ロバート・ウィルソン名誉教授が選ばれた。ミルグロム氏が制度設計を担った電波オークションの成功は、多くの国でのオークション導入につながった。

米国では、ミルグロム氏らの設計に基づき、1994─95年の2G携帯用の割当ではじめて本格的に電波オークションが導入されている。96年までに200億ドルを超える国庫収入をあげ、新規参入と競争促進ももたらされたことが高く評価された。

その後3G携帯用の割当になると、欧州各国にも広がった。ただ、制度の不備や、ITバブルと重なったこともあって、英国とドイツでは落札価格の異常な高騰が生じた。英国では100メガヘルツの帯域に225億ポンド（3兆8000億円相当）の値がついた。この負債が重くのしかかり、欧州で3G移行が大きく出遅れる要因ともなった。

だが、2000年時の失敗はあったが、欧州各国ではその後4Gから5Gに至るまで、電波オークションが実施されている。欧米以外の諸国でも導入が広がった。価格の異常な高騰防止など、オークションの理論的な研究も進んできた。

そうした中、日本だけは、「電波オークション」を拒み続けてきた。以前はよく「OECD加盟国のほとんどで電波オークションを導入している」といっていたが、今や「日本以外のすべてのOECD加盟国で導入」された。この件に関しては、日本は中国や北朝鮮と同じグループに属している。

日本でも、議論は前世紀からあった。1995年には、政府の行政改革委員会規制緩和

電波オークションの導入国一覧

区分*	導入国		主な未導入国
	第Ⅰ群	第Ⅱ群**	
アジア	インド、韓国、シンガポール、タイ、台湾、パキスタン、バングラデシュ、香港、マカオ	インドネシア、カンボジア***	日本、北朝鮮、中国、東ティモール、ブルネイ、ベトナム、モンゴル、ラオス
オセアニア	オーストラリア、ニュージーランド	フィジー	サモア、ツバル、パプアニューギニア、トンガ
中東	サウジアラビア***、トルコ、バーレーン、ヨルダン	イスラエル、イラク	アフガニスタン、イエメン、オマーン、クウェート
ヨーロッパ	アイスランド***、イタリア、英国、エストニア、オーストリア、オランダ、ギリシャ、クロアチア、スイス、スウェーデン、チェコ、デンマーク、ドイツ、ノルウェー、フィンランド、フランス、ブルガリア、ベルギー、ポーランド、ポルトガル、ルクセンブルク	アイルランド、アルバニア、ウクライナ、キルギス、スペイン、スロバキア、スロベニア、セルビア、ハンガリー（JF）、マケドニア(F)、モルドバ(F)、モンテネグロ***、ラトビア****、リトアニア、ルーマニア、ロシア	アルメニア、アゼルバイジャン、ジョージア、コソボ、ベラルーシ
北米	米国、カナダ		
中南米	アルゼンチン、ウルグアイ、エクアドル、チリ、パラグアイ、ブラジル、ペルー、ホンジュラス	コスタリカ***、コロンビア、メキシコ	ニカラグア、パナマ、プエルトリコ
アフリカ	ナイジェリア***、モロッコ	アルジェリア、ガーナ、カーボヴェルデ、チュニジア、ブルキナファソ(F)	ウガンダ、エチオピア、カメルーン、コートジボワール、ニジェール、ベニン、ブルンジ、マラウイ、モザンビーク

注：下線はOECD加盟国。
　* 前表(1)(導入国数)注を参照
　** F：オークション失敗、D：オークション延期、J：訴訟等によりオークション中断
　*** 今回新規分
　**** 2016年7月 OECD加盟
作成：㈱情報経済研究所

参考：規制改革推進会議投資等ＷＧ(2017年10月11日)での鬼木甫・情報経済研究所所長提出資料
https://www8.cao.go.jp/kisei-kaikaku/suishin/meeting/wg/toushi/20171011/171011toushi01-2.pdf

小委員会でも議論されていた。しかし、旧郵政省、携帯事業者・放送事業者など既得権者が強力に反対し、導入が阻まれてきた。

反対理由3つのまやかし

総務省や関係事業者の反対理由は、基本的に3つだった。

1　オークションを導入すればコスト負担が嵩み、通信料金を上げざるを得なくなる。
2　コスト負担から設備投資が遅れる。
3　外資参入で安全保障上の問題が生じる。

このうち3は明らかにインチキな反論だ。必要な外資規制は導入すればよいだけの話で、オークションとは関係ない。比較審査方式のもとで2000年代にボーダフォンが参入していたことは周知の事実だ。ファーウェイなど中国製品の使用を心配する向きもあるが、これもオークションとは関係ない。経済安全保障の観点で必要な措置をとればよいことだ。

1と2についてはどうか。たしかに3Gのときの英国とドイツでは落札価格が高騰して問題になった。だが、日本の現状をみれば、これらもウソだったことが明白になった。通信料金は、オークションを導入した各国と比べ、むしろ高い。だから「料金引下げ」が課題になり続けてきた。設備投資では、４Ｇの通信品質は比較的良かったが、５Ｇでは米国・韓国などに大きく遅れをとった。

つまり、日本は先進国で唯一、電波オークションを導入していないのだから、これらの主張が正しいなら、料金は安く設備投資は先行できるはずだったが、結果からみれば、世界の中で料金は高く、サービス導入は遅れたわけだ。

反対理由は、ずっと同じだった。２０１１年に民主党政権で電波オークションを導入しようとして法案提出までこぎつけた際も、同じ反論で葬り去られていた。２０１７年に規制改革推進会議で「電波オークション」を取り上げた際にも同じ主張がなされた。

「電波オークション」の議論が浮上すると、必ずテレビと新聞が強力に反対することになっている。これも90年代からずっと同じだ。理由は、テレビが割当を受けている電波を取り上げられ、高い値段で買わされるのでないかと心配しているためだ。新聞も一緒に反対するのは、テレビと新聞が一体になったクロスオーナーシップのためだ。

実はこの話は、単なる勘違いから始まった話だと思われる。世界各国で電波オークションが導入されているのは、基本的に携帯電話用の帯域の新規割当に際してだ。放送用に割り当てられた帯域を強制的に取り上げ、オークションにかけるという例は一般にみられない。

したがって、「電波オークション」は本来、テレビとはあまり関係のない話だ。

おそらく最初にテレビ・新聞業界の重鎮らが「電波オークションは危険だ」と思い込んでしまったのだろう。あるいは、導入に反対の郵政官僚らがわざとそう説明したのでないか。テレビ・新聞はまんまと乗せられ、20年以上反対を続けているのかもしれない。

いずれにせよ、マスコミが必ず猛反対するので、「電波オークション」はなかなか実現しない難題になった。

世界で稀な環境を活かせなかった携帯事業者

20年以上に渡って同じ議論がなされ、日本では電波オークションは導入されなかった。結果として、日本の携帯事業者は、世界で稀な「安価に電波を利用できる環境」を与えられた。他国の携帯事業者は高額な入札で帯域を競り落とさなければならなかったのに対し、日本の事業者は、総務省に帯域を割り当ててもらえば、あとは安価な電波利用料だけ払えばよかった。

しかし、この有利な環境を活かすことができなかった。低廉な料金は実現せず、5Gの普及は世界から遅れてしまった。寡占状態で顧客を囲い込むビジネスモデルに安住し、その一方で、アップルとの不当な取引関係など、グローバルな巨大事業者からは利益を吸い上げられ、結局は消費者に転嫁してきた。

電波オークションの議論をすると、総務省や関係事業者以外でも、「そんなことをしたら、モバイル事業者に負担がかかり、５Ｇの普及やポスト５Ｇの技術開発に投資できなくなるのでは？」と心配する人が多い。たしかにその心配はわかる。しかし、これまで負担がかからないようにしてあげてきて、結果としてダメだったのだ。

総務省は長年、「電波割当は任せてもらえれば、最善の電波利用を実現できる」と主張してきた。結果からみて、そんなことはなかった。世界の官僚たちと同様に、日本の総務官僚たちもやはり「全知全能」ではなかった。

そして、「総務官僚の判断」にこだわり続けた結果、不祥事の温床も広がった。私からみれば、今回の接待問題は、言わんこっちゃないという話だ。

規制改革推進会議での議論も経て、２０１９年の電波法改正で、「価格競争の要素を含む新たな割当方式」が創設された。比較審査の延長ではあるが、評価基準として「価格競争の要素」が導入された。これは大きな前進だ。

今後の実施に向けて導入準備中だが、法律上は「価格競争の要素」は99％でも１％でもよい。99％なら、実質的には電波オークションに近い。ポイントは、これまでの裁量的な審査をできるだけ排除し、価格競争を中心とした透明な審査にできるかどうかだ。

先進各国から20年以上遅れて、ようやくここまで来た。電波割当の制度設計で、日本は大きく出遅れたが、その代わり、これまでの他国の成功と失敗をすべて参考に、最も優れた電波割当制度を設計できる可能性がある。

これまでの長年の反対論の1つは「価格高騰」だった。たしかに２０００年の英国とドイツは失敗した。だが、各国ともとっくにそんな失敗は乗り越えている。失敗を起こさないよう、最善の制度設計をしたらよい。

一方で、今回の「価格競争の要素」方式には危惧もある。結局、従来の比較審査に毛の生えたようなもので終わってしまうことだ。

実は悪い前例もある。かつて２００３年に総務省が発表した「電波政策ビジョン」では「市場原理活用型比較審査方式」なる方針が示された。言葉だけみると「価格競争の要素……」方式に似ていて、なんとなく変革がなされそうだが、結局その後実施されたのは「比較審査」でしかなかった。

池田信夫氏は２００６年、著書『電波利権』で、「電波社会主義」からの開放を唱えた。その後15年が経ち、冷静の終結と社会主義陣営崩壊はもはや遠い昔になった。

そろそろ「電波社会主義」と決別し、「電波オークション」に踏み出さないといけない。新たな技術革新も起きている。これまでは、土地の所有と同様、帯域は1つの事業者に割り当てるのが当たり前だった。しかし、最先端の技術では、時間や場所に応じて空いている帯域を割り当てる「ダイナミック周波数アクセス」も可能になっている。例えば米国では、海軍の艦船に割り当てられている電波帯域のうち、時間や場所によって使われていない帯域を瞬時に探し出し、民間事業者に割り当てるような取組も始まっている。

日本は電波割当の分野では後発国だ。「電波オークション」の導入は欧米から20年以上遅れた。しかし、後発国だからこそ最先端に躍り出る、「リープフロッグ」のチャンスも十分にある。周回遅れだからこそ、先行集団の築いた轍を活用し、失敗も見極め、一気に先頭に躍り出る。このチャンスを捉えなければならない。

4 「電波監理委員会」を復活せよ

「日本版FCC論」の2つの論理

「電波監理委員会」を復活すべきと本章の最初の節で述べた。もう少し補足しておこう。

まず、この話は「日本版FCC」と題して論じられることが多い。FCCとは、米国連邦通信委員会（Federal Communications Commission）のことだ。

この分野に限らず、「日本版……論」はよく出てくる。「外国にはそんな制度があるなら、日本も導入したらいいんだろうな」ともっともらしく聞こえがちだが、実はロジックはあやふやなままイメージだけで議論されていることも多いから、気をつけないといけない。

「日本版ＦＣＣ」論の場合は、実は異なる２つの論理が混在している。

１つは、「競争政策」の論理だ。

競争政策を包括的にカバーする機関として、日本なら公正取引委員会、米国ならＦＴＣ（Federal Trade Commission）などがあるが、加えて、通信や電力などの分野で競争政策を徹底するため、補完的な監視機関が設けられることがある。

米国のＦＣＣはもともと１９３４年、ＡＴ＆Ｔの独占監視を主眼に創設された。日本では、電力分野では「電力取引等監視委員会」が設けられている。

もう１つは、「言論の自由」の論理だ。

放送分野の規制は、権力を監視する立場の放送に対し、政治的な思惑で利用されることにもなりかねない。だから政治権力から独立した規制機関が必要、との考え方だ。フランスなどでは、放送分野を対象に独立規制委員会が設けられてきた。

米国のＦＣＣは創設時、連邦電波監理委員会（電波割当を担う）も統合された。こちらはもともとラジオへの大統領の影響力排除を目的としたものだったので、ＦＣＣは「競争政策」と「言論の自由」の混合型と考えてよい。

日本のこれまでの経過では、論理が不明確なままに「日本版ＦＣＣ」論として片づけられることもままあった。

整理しておくと、まず戦後の「電波監理委員会」は、主に「言論の自由」が目的だった。戦争への国民動員にラジオ放送が深く関わったことを踏まえ、政治からの中立性確保を図ることが主眼だった。

これに対し、橋本行革で一時検討された「通信放送委員会」は、通信・放送行政全体の透明性向上を目指したものだった。どちらかというと「言論の自由」に主眼があったようだが、「競争政策」との混合型だったと考えられる。

一方で、民主党政権で検討された「日本版ＦＣＣ構想」は、「言論の自由」の論理に軸足がおかれた。「言論の自由を守る砦」といったフレーズで議論されていたので、これは明確だった。

結論からいうと私は、「競争政策」と「言論の自由」双方の観点で、独立規制委員会を設けるべきだと思う。これまで官民癒着で「不透明な馴れ合い構造」ができあがり、そこに政治も手を突っ込んできた。それを考えれば、独立性の高い規制機関を設ける必要がある。

かつて原子力分野で、やはり政官民の癒着構造の中で安全規制が蔑ろにされ、その反省に基づき「原子力規制委員会」が設けられた。同様の対処が必要だ。

一方で、ＦＣＣのように、電波割当から通信・放送全般までを独立規制委員会に移すべきかというと、そこは懐疑的だ。それでは、旧郵政省がそのまま移行して、実態はあまり変わらない「看板の掛け替え」になりかねない。

むしろ、強過ぎる規制権限の根幹である「電波割当」と「電波の有効利用の監視」の権限だけを、独立規制委員会に移したらよいと思う。２０１７年に自民党行革本部で、「電波利用の監視権限を総務省から切り離す」ことを提言していたのと同様の発想だ。

「電波の有効利用の監視」の権限を与えれば、通信・放送行政に対して広く口出しすることができる。例えば官民の馴れ合い構造で帯域の無駄づかいが放置されていれば、「電波の有効利用」の観点で是正を求めることができる。放送行政で恣意的な外資規制運用がなされている場合も、やはり「電波の有効利用」の観点から是正を求められる。

こうした監視がなされることで牽制が働き、通信・放送行政全体を健全化できる。

かつての「電波監理委員会」とは若干異なるが、「電波割当」と「電波の有効利用の監視」を担う、小粒だが強力な独立規制機関を設ける。これが、令和になすべき「電波監理委員会の復活」だ。

「お目こぼし」を堂々と認める条文

「電波監理委員会」の復活とともに、ルールの透明化も重要だ。

電波割当も関連の許認可も、この章の最初の節でも述べたように、より透明な審査基準を設ける必要がある。「自分たちが総合的に判断する。任せてほしい」というのではダメだ。

今回の不祥事に関連して、テレビ局の外資規制が大問題になっているが、実はその裏にも不透明なルールの問題がある。

まず前提として、テレビ局の外資規制は、「議決権の20％以上」。ポイントは「議決権」という点で、外資が20％以上保有していても、議決権がなければ構わない。

20％を超えてしまった場合に、株主名簿記載を拒否できるとの規定も用意されている。このため、以前から複数キー局の外資保有比率が20％を大きく超えると指摘されていたが、それは違法ではなかった。

今回問題になったのは、株主名簿の記載拒否をし損ね、議決権で20％を超えたケースが出てきたためだ。まず東北新社で、申請時に20％を超えていたことが明らかになり、こちらは認定取消しの方向になった。

さらにその後、フジテレビでも一時20%を超えていたことが明らかになった。こちらは免許取消しをしないというので、「不公平だ」と問題にされている。

法律上は、この取扱いは別に問題ない。東北新社は認定段階の話であり、フジテレビは認定後の話だ。適用される条文が異なる。認定段階では「違法なら認定できない」のが明らかだが、認定後の場合は「違法状態が事後的に判明した場合（すでに解消している）は取消にしない」との余地もある。

もちろん、こんな運用をすれば、違法状態が判明した場合はすぐ報告せず、こっそり解消してから明らかにするようになってしまう。無茶苦茶な話ではあるが、あくまで法律上はそういう余地もあるわけだ。

さらにびっくりする条文もある。電波法と放送法でそれぞれ、外資規制違反になった場合、「事情を勘案して……免許／認定を取り消さないことができる」との規定もある。

〈電波法第75条第2項〉　前項の規定にかかわらず、総務大臣は、免許人が第五条第四項（第三号に該当する場合に限る。）の規定により免許を受けることができない者となつた場合において、同項第三号に該当することとなつた状況その他の事情を勘案して必要があると認めるときは、当該免許人の免許の有効期間の残存期間内に限り、期間を定めてその免許を取り消さないことができる。

〈放送法第１０３条第２項〉　前項の規定にかかわらず、総務大臣は、認定基幹放送事業者が第九十三条第一項第七号ホに該当することとなつた場合において、同号ホに該当することとなつた状況その他の事情を勘案して必要があると認めるときは、当該認定基幹放送事業者の認定の有効期間の残存期間内に限り、期間を定めてその認定を取り消さないことができる。

これはすごい条文だ。要するに、自在に「お目こぼし」して構わない、と言っているに等しい。こんな権限が与えられているから、不透明な癒着が生じてしまうわけだ。新たな「電波監理委員会」を創設したら、最初の大仕事として、不透明なルールを徹底的に洗い出し、見直さないといけない。

新聞・テレビは「電波業界の業界広報紙」

新たな「電波監理委員会」の創設も、ルールの透明化も、ハードルの高い難題だ。かつて橋本行革では「通信放送委員会」案があっさりと潰されたが、そのときのように、官僚機構も政治も強く反対する可能性があろう。

もう１つ危惧されるのがマスコミだ。マスコミは、電波に関する事柄では「業界広報紙」と化してしまいがちだ。テレビは電波割当を受ける事業者であり、大手新聞各紙はそれぞれテレビと緊密に結びついているからだ。

これは、私はかつて規制改革推進会議で「放送改革」や「電波オークション」の議論をした際に思い知らされた。

会議のあとに毎回、議長や座長が記者会見を行うのだが、これらの議題を扱った際は、見たこともない数の記者がやってきて、会見場があふれかえった。名刺交換してみると、「企画部」などの肩書で記者クラブに所属している。「波とり記者」（電波割当を担う記者）なんていう人もいるようだ。

「放送改革」のときは、こちらの説明には聞く耳持たずで、「放送改革」批判の大キャンペーンが展開された。これは詳しくは『岩盤規制』をご覧いただければと思うが、「放送法4条撤廃」というペーパーが出回ったことがあった。

放送とインターネット放送で、前者は放送法4条が課され、「事実を曲げない」「政治的に公平」などが求められるのに対し、後者では課されない。今や同じような番組を作っているのだから、規制を統合したらどうかとの提案だった。

これは、実は規制改革推進会議では全く議論していなかったが、必要に応じ議論すればよい程度のことだった。しかし、放送各社はこれをみて「放送の特権を脅かす議論だ」と強く警戒し、大批判キャンペーンを展開することになった。その後、放送改革の議論はまともにできなくなってしまった。

一方で「電波オークション」に関しては、会見場はあふれかえったのに、報道はほとんどなされない。都合の悪い話は報じたくなかったのだろう。その延長だが、「電波オークション」の研究でノーベル経済学賞を授与された際は、新聞・テレビは「電波オークション」とは言わずに「オークション」と報じていた。

要するに、メディアとしての報道というより、電波割当を受ける業界として主張を展開する「業界広報紙」になってしまうわけだ。

そんな可能性もまたあるから、容易ではない。しかし、ハードルを乗り越えて、「新・電波監理委員会」を立ち上げなければ、情報通信行政の未来は拓けない。

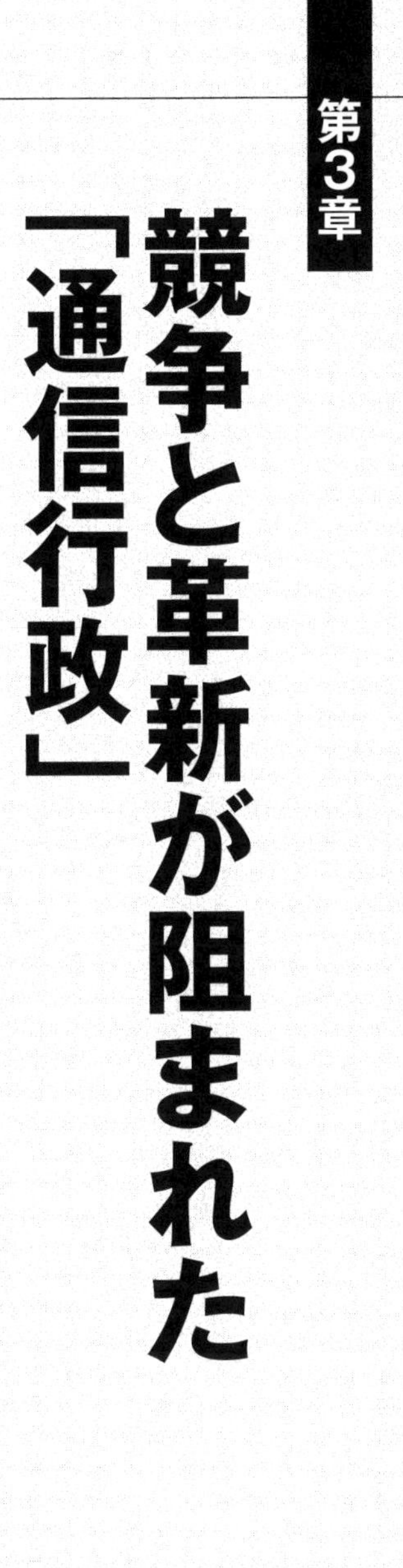

第3章 競争と革新が阻まれた「通信行政」

1　携帯料金はなぜ高かったか？

菅政権は2020年9月に発足し、「携帯料金引下げ」を政権公約として掲げた。携帯料金が高すぎることは過去にも何度か問題にされたが、なかなか料金は下がらなかった。新政権では本気で取り組むと表明したわけだ。

携帯料金は民間企業が設定しているものであって、政府が公定価格や上限価格を定める仕組みではない。いかに電波割当を受けた許認可事業とはいえ、かなり異例な話ではあった。

しかし、首相が「携帯料金引下げ」と号令をかけているのだから、携帯会社もさすがに対応せざるを得ない。NTTドコモが2020年12月、「ahamo」を発表した。20GB＋5分かけ放題で月額2980円という画期的な安さ・わかりやすさの料金プランだ（さらにその後値下げされた）。これに対抗してauやソフトバンクも同水準のプランを発表。新規参入の楽天モバイルはさらに低価格のプランを提示した。ようやく値下げ合戦が始まった。

携帯料金の各国比較
スマートフォン(MNO:シェア1位の事業者)〈推移〉

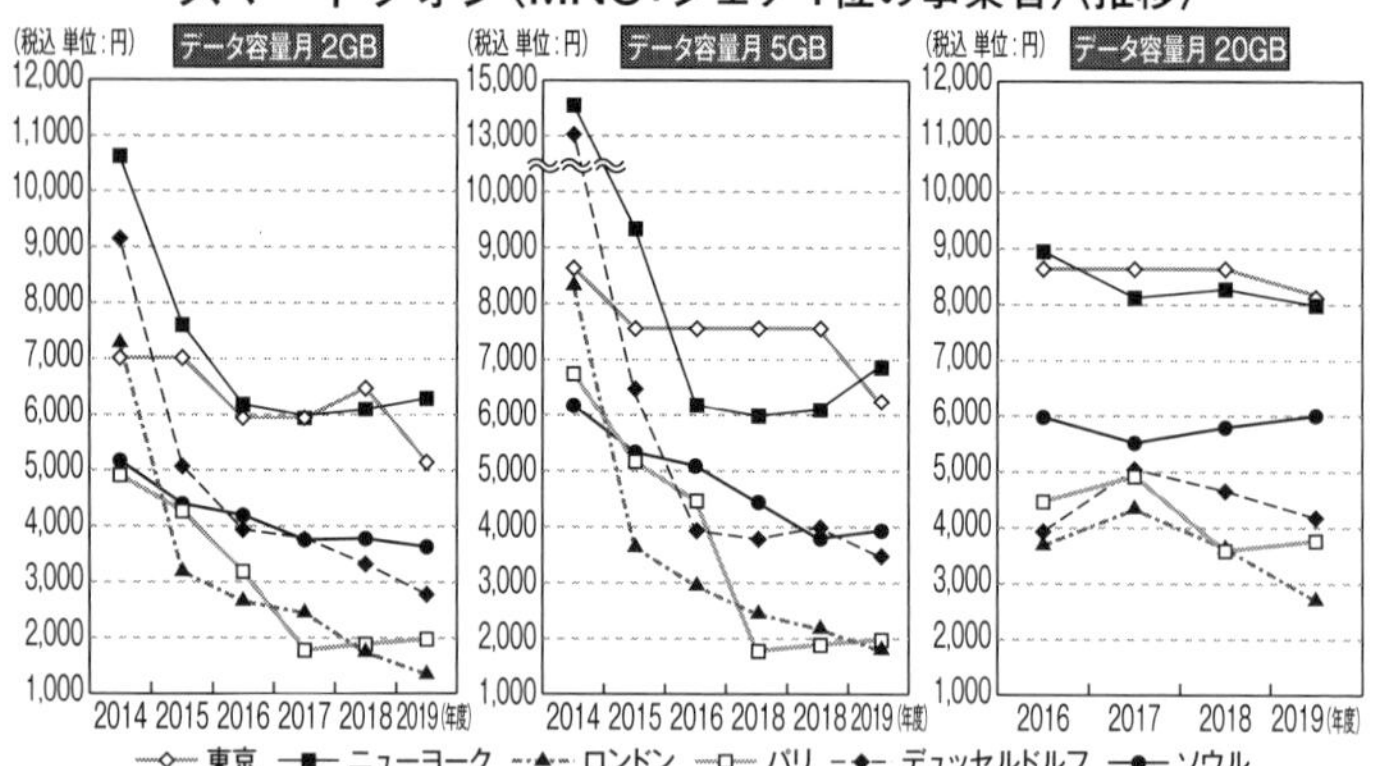

注1:各年度において通貨換算に用いる購買力平価の値がそれぞれ異なる。
注2:データ容量月20GBは2016年度から通信料金を調査している。
注3:各年度末時点(2014年度のみ2014年12月時点)の通信料金を調査している。
注4:2016年度においてデュッセルドルフではデータ容量月20GBプランを提供していなかったため、提供プランの中で最も容量が多い(15GB)プランで比較。
出典:総務省内外価格差調査(2020年6月)

だが、これで一件落着というわけではない。今回の値下げ合戦は、異例の首相号令でなされたに過ぎない。いずれ時が経ち、「携帯料金引下げ」にうるさい菅政権が交代すれば、再び徐々に値上げされていく可能性も否めないのだ。

「携帯料金引下げ」対策の経過

携帯料金に関して政府が動いたのは、菅政権が初めてではない。

安倍政権下では2015年9月、経済財政諮問会議で安倍首相が「携帯料金引下げ」を高市早苗・総務大臣（当時）に指示したことがあった。その後も2018年8月、当時は官房長官の菅氏が講演で「携帯料金は4割下げる余地がある」

携帯各社の料金プラン

	NTTドコモ	KDDI		ソフトバンク		楽天モバイル
	ahamo	UQ mobile くりこしプランL	povo	Y!mobile シンプルL	LINEMO スマホプラン	Raukten UN-LIMIT Ⅵ
開始時期（2021年）	3月26日	2月1日	3月23日	2月18日	3月17日	4月1日
月間通信容量	20GB	25GB	20GB※1	25GB	20GB※2	無制限※3
容量超過後の通信速度	1Mbps	1Mbps	1Mbps	1Mbps	1Mbps	—
月額利用料	2,700円	3,480円	2,480円	3,780円	2,480円	~1GB：0円 1~3GB：980円 3~20GB：1,980円 20GB~：2,980円
音声	—※4 （1回5分以内国内通話かけ放題込み）	700円※5 （1回10分以内国内通話かけ放題オプション）	500円※6 （1回5分以内国内通話かけ放題オプション）	700円※7 （1回10分以内国内通話かけ放題オプション）	500円※6 （1回5分以内国内通話かけ放題オプション）	— （Rakuten Link利用時の国内通話かけ放題）
受付チャネル	Webのみ	店頭及びWeb	Webのみ	店頭及びWeb	Webのみ	店頭及びWeb
キャリアメール	利用不可	200円/月のオプションで利用可能	利用不可	利用可能	利用不可	提供なし
月額料金（合計）	**2,700円** （税込2,970円）	**4,180円** （税込4,598円）	**2,980円** （税込3,278円	**4,480円** （税込4,928円）	**2,980円** （税込3,278円）	**0円~2,980円** （税込0円~3,278円）

※1:200円/日で、データ使い放題となるオプションも提供。※2:LINEは通信容量の消費なく利用可能。※3:楽天回線以外のローミングエリアでは、月間通信容量5GB（超過した場合、通信速度が1Mbpsに制限）。※4:1,000円/月で、国内通話がかけ放題となるオプションも提供（特に記載のない限り、価格は税抜）。※5:500円/月で、国内通話60分/月が無料となるオプション、1,700円/月で、国内通話がかけ放題となるオプションも提供。※6:1,500円/月で、国内通話がかけ放題となるオプションも提供。※7:1,700円/月で、国内通話がかけ放題となるオプションも提供。　出典：総務省資料（2021年3月29日）

と発言したことがあった。

そのたびに政府は対策を練り、法改正などの措置も講じてきた。しかし、なかなか実際に料金が下がらない経過だった。

まず、これまでの対策をざっと整理しておくと、大きくわけて3つあった。

1つ目が「料金体系の適正化（わかりづらさの解消）」だ。

携帯料金はともかく、複雑でわかりづらかった。端末と通信が一体で取引され、どちらがいくらなのかわからない。以前は「ゼロ円端末」なんていうものもあった。もちろん、端末が本当にタダのわけがない。端末代金は安く設定し、その分を通信料金に上乗せする料金体系だった。「ゼロ円」につられ

これまでの政府の「携帯料金引下げ」対策

料金体系のわかりづらさの解消	乗り換えの円滑化	参入促進
〈2006年～〉		
• 通信料金・端末代金の分離プランを要請（2007年）	• 番号ポータビリティ導入（2006年） • 自主的なSIMロック解除を推進（2010年ガイドライン） • SIMロック解除義務付け（2014年ガイドライン）	• 接続料の算定方法見直し（2010年）
〈2015年9月　経済財政諮問会議で、安倍首相が携帯料金引下げを指示〉＝「2015年携帯引下げ対策」		
• ライトユーザ向けプランの提供を要請（2015年） • 「0円端末」禁止など端末購入補助の適正化（2016年ガイドライン）		• 接続料での利潤算定方法の厳密化（2017年）
〈2018年8月　菅官房長官「携帯料金は4割下げる余地」〉＝「2018年携帯引下げ対策」		
• 通信料金・端末代金の完全分離、端末割引上限２万円（2019年電気通信事業法改正）	• 行き過ぎた期間拘束の禁止、違約金上限1000円（2019年電気通信事業法改正） • SIMロック即時解除義務付け（2019年ガイドライン）	
〈2020年9月　菅政権発足〉		
⇒料金引下げ		

総務省公表資料より筆者作成

て契約すると、そのあとずっと高い通信料金を払わされ続ける仕掛けになっていたわけだ。

「ゼロ円端末」は、２０１５年の安倍首相指示を受けて講じられた対策（「２０１５年携帯料金引下げ対策」）で禁止された。しかし、その後もわかりづらさの問題は続く。

端末代金は分割払いで通信料金とあわせて支払うのが一般的だ。その際、分割払いをしている間は通信料金が割り引かれるが、分割払い終了とともに割引も終わるようになっている。請求料金は変わらないから、多くの消費者はその時点で実質値上げがなされたことに気づかない。巧妙にいつの間にか高い料金を払わされる仕掛けになっていた。

そこで今度は、2018年の菅長官発言を受けた「2018年携帯料金引下げ対策」で、「端末代金と通信料金の完全分離」が義務付けられた（2019年電気通信事業法改正）。しかし、それでもなお、通信料金の値下げ競争にはなかなかつながらなかった。政府の対策と携帯会社の料金プランは、いたちごっこの状態が続いていた。

2つ目は「乗り換えの円滑化」だ。

携帯電話のもう1つの問題は、いったんどこかの携帯会社と契約すると、別の会社への乗り換えが難しいことだ。まず携帯電話にはSIMカードが入っていて、一般には契約した会社以外では使用できない。これを「SIMロック」といい、その解除が簡単にできないことが乗り換えの障壁になっていた。

「2年縛り」「3年縛り」などという仕組みもあり、解約時の手数料が高いことも問題だった。

ここでも、SIMロック解除は長年かけて徐々に制度が整えられ、解約手数料の上限1000円（2019年電気通信事業法改正）などの対応策も講じられた。しかし、それで多くの消費者が自由に乗り換えを行い、値下げ競争をもたらすまでには至らなかった。

3つ目は「参入促進」だ。

格安スマホとも呼ばれるMVNO（仮想移動体通信事業者）の参入促進が図られてきた。MVNOは自ら基地局インフラは保有せず、MNO（基地局インフラを有する携帯各社）か

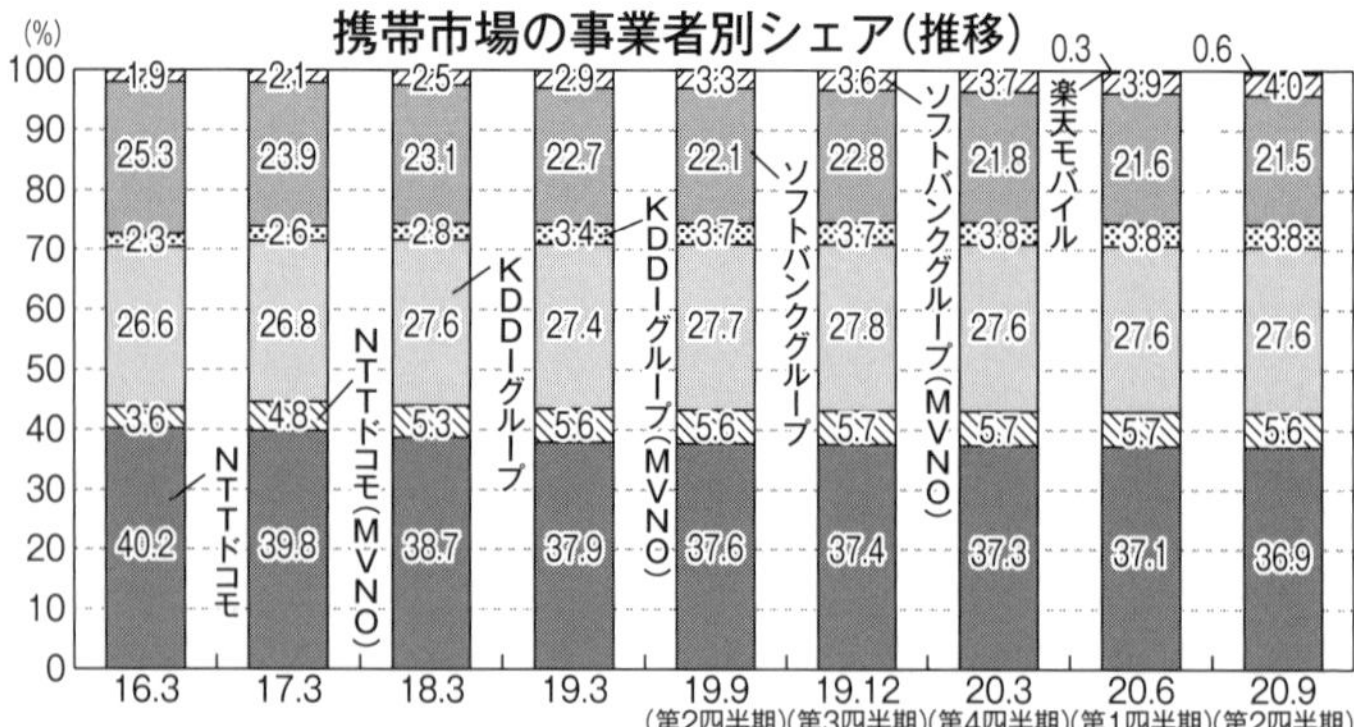

注1：「KDDIグループ」には、KDDI、沖縄セルラー及びUQコミュニケーションズが含まれる。以下このページにおいて同じ。
注2：MVNOのシェアを提供元のMNOグループごとに合算し、当該MNOグループ名の後に「（MVNO）」と付記して示している。以下このページにおいて同じ。
注3：楽天モバイルが提供するMVNOサービスは、「NTTドコモ（MVNO）」及び「KDDIグループ（MVNO）」に含まれる。以下このページにおいて同じ。
注4：事業者報告の修正により、2017年度第4四半期から2019年度第3四半期の「ソフトバンクグループ」及び「ソフトバンクグループ（MVNO）」のシェアについて修正を行っている。以下このページにおいて同じ。
出典：総務省資料（2020年12月）

ら帯域を借りて再販売する事業者だ。その接続料を下げるための方策も講じられた。しかし、MVNOの事業者数は1000を上回るが、市場シェアは1割程度にとどまり、携帯3社の寡占構造を変えるには至っていなかった。

効かなかった標準的処方箋

ちなみに、これら3つの対策は、いずれも2000年代半ば頃からスタートしている。当時は担当課長だった谷脇康彦・前総務審議官が強力な推進役だった。谷脇氏は今回の接待問題で辞職することになったが、携帯各社の反発にもひるまず政策を進める行政官として知られた。その姿勢が故に「業界に谷脇不況を起こした」などと批判されたこともあった。今回の不祥事に関して庇う余地はないが、旧郵政省は貴重な人材を失った。

話を戻すと、政策の柱は、⑴料金体系をわかりやすくする、⑵乗り換えを簡単にできるようにする、⑶新規参入事業者を増やす、だった。理屈の上では、それで料金は下がるはずだった。しかし、現実にはなかなか機能しなかった。

機能しなかった要因の１つは、「わかりづらさ」が厄介な難題で、容易に克服できなかったことだ。それが故に、標準的な政策の処方箋が効かなかった。

標準的な処方箋とは、かつて１９８０年代に問題になった「内外価格差」の頃から確立してきたものだ。最近は「デフレ」が問題なので若い人にはぴんとこないかもしれないが、当時は通信・電力・交通その他さまざまな分野で「日本の物価は高すぎる」と問題にされていた。

その頃以来、高すぎる料金への標準的処方箋は「規制改革」だった。つまり、要因は市場の機能不全であり、余計な規制を緩和して、競争促進し、市場メカニズムを機能させればよい。そうすれば、消費者の選択を通じて、自ずと低廉な料金と高い品質が実現していく……との考え方だった。

ちなみに、こうした規制緩和と競争促進のパッケージを「規制改革」と呼ぶ。規制はただ緩和・撤廃したらよいわけでなく、併せて競争促進策を講じることが重要との考えだ。この政策体系が１９８０年代以降に世界で広がり、日本でも実行された。

「規制改革」という処方箋のミソは、「消費者の選択」を媒介に、政府が価格統制しなくても効果が生じることだ。ところが、携帯市場の場合、わかりづらいために消費者が的確に判断できず、「消費者の選択」に基づく市場メカニズムが機能しづらい。政策が対策を講じても、それをすり抜けてわかりづらい料金体系が組み立てられ、いつまで経っても価格低下に向かわないことになった。「規制改革」という特効薬に対して耐性菌ができてしまい、効き目が薄れたようなものだった。

携帯3社による寡占市場

政府の「料金引下げ」対策が効かなかった要因として、より決定的だったのは、「競争促進」が不十分だったことだ。競争の働かない寡占構造になっていた。

「わかりづらさ」はたしかに厄介な問題だが、「競争環境」さえ整っていれば、解決が見込める。新規参入事業者が登場して「わかりやすくて安い」料金プランを提示すれば、時間がかかるにせよ、「複雑でわかりづらい」料金プランはいずれ駆逐されるからだ。

ところが、日本の携帯市場では、PHSの廃れる頃から寡占構造化が進み、MNOは2005年から3社体制になった。その後4社目としてイー・アクセスが参入したが、2012年にソフトバンクが買収して再び3社体制になった。寡占構造のもとで、MVNOが大きく広がることもなかった。

寡占市場の分析では、3社体制と4社体制はかなり異なるとされる。4社あれば一定程度競争が生じやすいが、3社では協調的な価格設定などがなされがちだ。現に日本の携帯3社は、同じような料金プランを設定し続けた。4社体制の英国やフランスで競争を通じ低料金が実現していたのと対照的だった。

振り返れば、90年代から2000年代初め、固定通信の世界では郵政省は、「競争促進」を強力に推し進めた。1985年に電電公社が民営化され、新規参入が可能になったが、NTTが巨大すぎる存在だからそれだけで競争は生じない。そこで、「ドミナント規制」が導入された。

つまり、支配的事業者であるNTTには強い義務を課し、新規参入事業者には緩い義務しか課さない、差別的な規制だ。NTTの保有するアクセス回線の開放、接続料の約款化が義務付けられ、新規参入事業者がこれを利用して実質的に競争できるようになった。NTTを東西・携帯・コムに再編し、競争の生じやすい環境整備もなされた。

こうした「競争促進」の結果、数多くのインターネットサービス事業者などが市場参入して競争を繰り広げ、その成功で通信産業は大きく変貌した。日本は2000年代初め、世界に先行してインターネット大国になった。

ところが、主戦場が携帯電話に移るにつれ、旧郵政省の「競争促進」は徐々に鈍っていった。規制緩和で従来の料金規制などは失われ、未知の新たな市場が急速に拡大していく中で、旧郵政省は有効な手立てを打つことができなかった。谷脇氏が奮闘した時期もあったが、成果は限られた。

2012年にソフトバンクがイー・アクセスを買収した際も、総務省は手をこまねくばかりだった。新規参入事業者として電波割当を受けたばかりのイー・アクセスを帯域ごと買収するというのだから、競争政策の観点で、本来は政府が介入しなければならない局面だった。

2度目の4社目のMNOとして楽天が参入したのは、ようやく2020年のことだ。しかし、既存3社にすでに割り当てられているプラチナバンドは配分されないなど、不利な条件下の参入を強いられている。かつて固定通信の世界でなされたような、強力な「競争促進」はなされていない。これが長らく新規参入の生じなかった理由でもあった。

菅政権で、首相が異例の号令をかけ、値下げ合戦が始まったのはよいことだ。ようやく競争が生じている状態だ。しかし、これはあくまで、異例の号令というカンフル注射でもたらされているにすぎない。

高すぎる携帯料金をもたらしてきたのは、「競争促進」の不徹底だった。これを解消しなければ、問題の本質的解決にはならない。そのため、第2章で述べた「電波の開放」も必要だ。新規参入が抑制される根源は電波帯域の制約だからだ。

唐津 隆（からつ・たかし）

1963年千葉県生まれ。明治大学文学部自主卒業。週刊誌記者や教育出版社、流通業界誌編集長などを経て2000年ビジネス社入社。2003年取締役、2011年親会社であった船井総合研究所からMBOの形で、ビジネス社代表取締役に就任し、現在に至る。

書籍編集としては船井幸雄、長谷川慶太郎、渡部昇一、池上彰各氏を担当するほか、同社における広告部門なども担うなど出版に関わる多彩な業務に従事。
かつては出版実績のない著者の著作をそこそこヒットさせるという裏ワザを駆使し、年間重版率80%という変な記録を持つ。

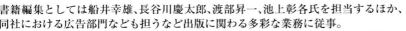

中澤直樹（なかざわ・なおき）

1968年兵庫県生まれ。早稲田大学卒。91年、PHP研究所入社。入社後、京セラの稲盛和夫氏や台湾総統の李登輝氏、哲学者の梅原猛氏などによる「日本の在り方に対する提言」本を制作。学芸書籍に贈られる「山本七平賞」を3度受賞。さらに、オピニオン誌『Voice』編集長として、ビジネスマン・経営者・行政マンに知恵と言葉の武器を与える雑誌作りに励む。その後、書籍プロモーションの責任者、書店・取次・コンビニエンス・ネット書店に対する営業部門のマネジメントを担った。

2021年、PHP研究所を退社。ビジネス社に入社し、書籍編集部で部長として制作を行っている。

メイン講師について

越智秀樹（おち・ひでき）

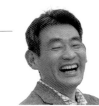

OCHI企画代表取締役。企画・編集だけでなく営業もできる「万能編集者」。
1970年生まれ。愛媛県今治市出身。大分大学経済学部卒。

92年、PHP研究所に入社、法人営業に配属される。2002年、PHP文庫出版部に異動。主にビジネス系の文庫を編集する。その後、文庫出版部副編集長、エンターテインメント出版部編集長を経て、2015年PHPの関連会社 PHPエディターズ・グループ（PEG）の代表に就任。これまでに手がけた本は600点以上、累計発行部数は1,100万部を超える。

2017年10月に独立し、現在は「あなたの強みを引き出す出版マイスター」として活動をスタート。
独立してから手掛けた編集物の重版率は50％超。
主な編集実績は、
『人は話し方が９割』（すばる舎）　65万部
『斎藤一人　天が味方する「引き寄せ」の法則』（PHP研究所）　16万部
『スティーブジョブズ　神の仕事術』（PHP研究所）　10万部
『トヨタ式「すぐやる人」になれる8つのすごい！ 仕事術』（笠倉出版社）　3万4千部
『世界の神々がよくわかる本』（PHP研究所）　シリーズ累計100万部
『大学4年間の宗教学が10時間でざっと学べる』（KADOKAWA）　1万3千部

今回、料金引下げが実現したことだけで満足してしまえば、いずれほとぼりが冷めれば料金は再び上がることになる。寡占構造のもとで「不透明な馴れ合い」が続くことに、そろそろ終止符をうたなければならない。「競争促進」の徹底が課題だ。

2　土光臨調以来のNTT再編の大転換

政策の大転換は密室で決まったのか？

総務省の今回の不祥事で、誰と誰が会って何を食べたかなど、基本的にどうでもよい話だ。マスコミや国会はそんな話に焦点をあてがちだが、時間の無駄だ。そんなことよりも本質的な課題は、水面下にあった馴れ合い構造や不透明なルールの解消だ。

そうは言いながら、１つだけ、どうしても気になったことがある。NTTドコモの完全子会社化との関係だ。

ドコモ完全子会社化は、これまでのNTT再編の歴史から考えれば、驚天動地の大転換だった。土光臨調以来、民営化がなされ、その後は分割が段階的に進められてきた。一貫して、郵政省は巨大すぎるＮＴＴの分割を目指し、ＮＴＴはこれに抗した。ＮＴＴ再編は両者の激闘の歴史だ。電気通信審議会などでの議論を経て、最後は政治決着にもつれ込むのがお決まりの流れだった。

今回のドコモ完全子会社化は、初めてこれが逆回転する。つまり、ＮＴＴは再統合に向かう。それにもかかわらず、表にみえる政策議論は何もなされていなかった。

ＮＴＴが２０２０年９月に突如ＴＯＢをスタートし、11月に成立した。総務省は、ＴＯＢ直前の７月にＮＴＴから「法制度上の問題がないか」を確認され、制約のないことだけを回答した。買収完了後に事後的に「公正競争確保の在り方に関する検討会議」が設置され、競争政策上の評価がなされたが、特に大きな問題はないと確認された……というのが国会でも説明されているストーリーだ。

そんなわけがない……と私はすぐに思った。このケースで、ＮＴＴが政官に何の相談もなく動くとは思えない。万一そんなことがあったとして、事後的に話を聞いた旧郵政省が「そうだったんですか」と冷静に応じるわけもない。

表にみえないところで、事前にＮＴＴと総務省の協議がなされ、そこで「再統合容認」が合意され、はじめてＴＯＢが開始されたに違いない。

もしそうならば、その「再統合容認」に至る議論の内容は、公開されなければおかしい。

なんといっても、１９８０年代以来の政策方針の大転換だ。

方針転換の理由は何だったのか。競争環境の変化についてどんな議論があったのか。あるいは、一部で言われているように、ドコモの料金引き下げとのバーター、つまり「ＮＴＴ再統合を認めてくれれば、その代わり、政権の求めている料金引下げは思い切って進める」といった取引がなされたのか。

議論の内容を公開し、国民の検証・評価を受けるべきだ。……こう考えた。

だが、その後、内情を知る複数関係者から話を聞くと、どうやら事前に綿密な協議がなされたわけではなかったようだ。総務省ではちょうど、これまでの競争政策を包括的に検証し、継続すべき事項と転換すべき事項の仕分けをしようとしていた。そこでＮＴＴがＴＯＢというスイッチを先に押した。このため、総務省はあとから「現在の競争環境では、完全子会社は特に問題なし」との結論を出すことになった、というのが真相のようだ。

そうであれば、これはやはり順序が逆だ。本来ならば競争政策の見直しが先になされていなければならなかった。前節で述べたように、２０００年代以降の総務省の競争政策は、濃淡はあったが停滞してきた。この結果、政策が後手に回り、現実に追いついていなかったということだ。

かつても主張された「世界で戦うために」

ＴＯＢ成立後の「公正競争確保の在り方に関する検討会議」では、ＮＴＴが自らの考え方を説明した。ＮＴＴの言い分は要するに、「通信市場の競争構造はかつてとは変わった」ということだ。

１９９０年代のＮＴＴ分割論は、ＮＴＴが市場における巨人だった時代になされた。弱小プレイヤーたちとの競争環境を整えるためだった。しかし今日では、ＧＡＦＡという、はるかに強力な巨人が現れた。もはや、ＮＴＴ分割なんて言っている場合ではなく、ＧＡＦＡと戦うにはむしろ統合が必要だ……というわけだ。

この言い分はわからないではない。ＮＴＴが弱小プレイヤーの立場に追い込まれたのはそのとおりだ。競争政策がターゲットにすべき主たる対象は、今やＮＴＴよりもＧＡＦＡだろう。

しかし一方で、ＮＴＴの言い分に聞き覚えがあることも指摘しておく必要がある。90年代のＮＴＴ再編を巡る論戦で、ＮＴＴは「これからはメガコンペティションの時代だ。海外の巨大通信会社と戦うために、分離・分割でＮＴＴの力を削がないでほしい」と主張していた。

ＮＴＴの説明「通信市場の競争構造は変わった」

- 利用者ニーズの変化に対応し、各社も、映像コンテンツや保険、決済、電気・ガス等、非通信分野のサービスを取り込んでセット提供する等、**競争は通信以外の様々な分野・領域を含むトータルでの付加価値競争にシフト（多面的・多層的な競争が展開）**
- 加えて、ネット通販や金融に強みを持つ楽天のMNO参入、ソフトバンクによるヤフーの子会社化、ヤフーとLINEの経営統合、KDDIによるUQモバイル統合等、**競争事業者のビジネスモデルの転換が進展**
- 固定事業から移動体事業へと拡大していったKDDIやソフトバンクと異なり、NTTドコモは移動体事業に止まっていた。**NTTコミュニケーションズとの連携強化を図ることで、両社にキャッチアップ**

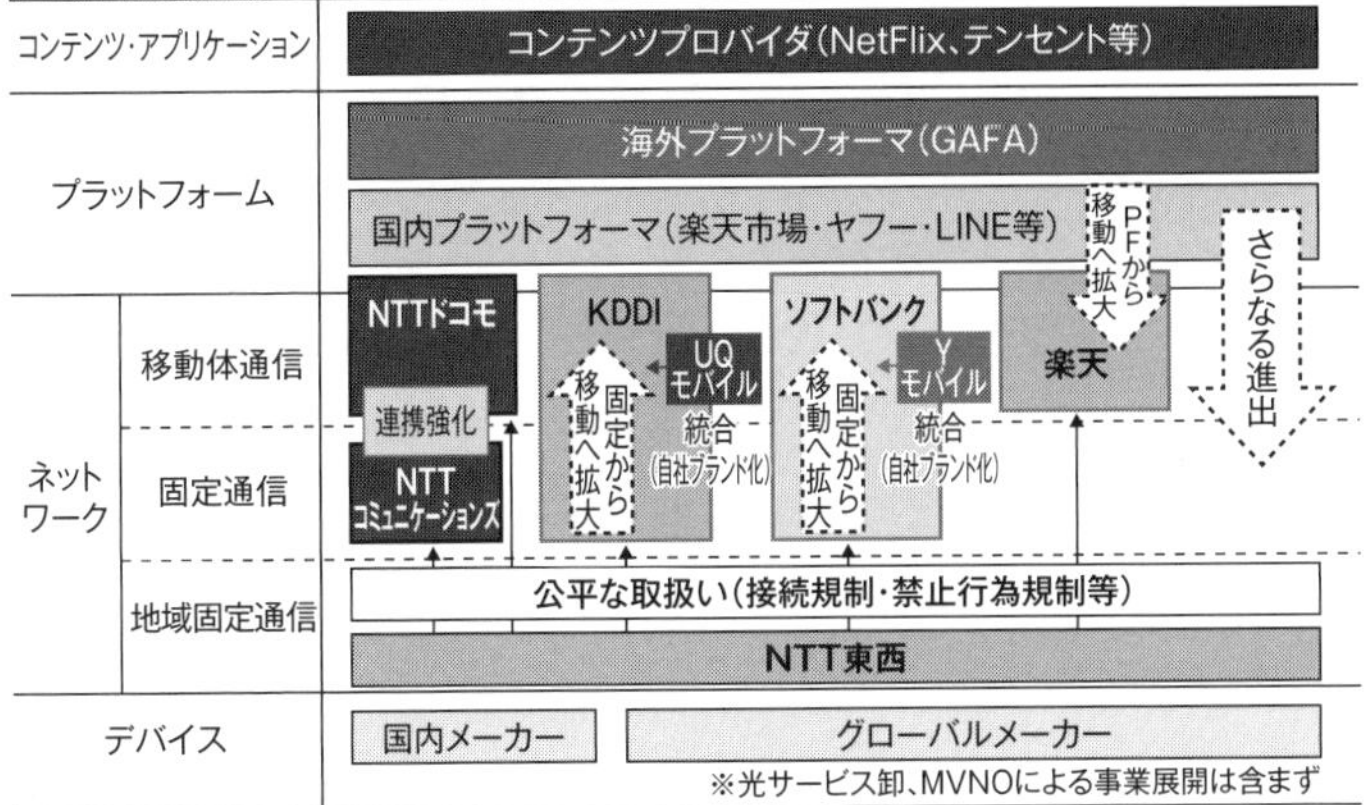

出典：「公正競争確保の在り方に関する検討会議」でのＮＴＴ提出資料

この主張が受け入れられ、96年の決着ではＮＴＴの唱えた「持株会社」案が着地点になった。戦後の財閥解体以来、日本では持株会社はずっと禁止されてきたが、独禁法改正で解禁し、ＮＴＴはグループ経営が認められることになった。分割はされるが、一定の一体性は守られたわけだ。

しかし、その結果はどうだったか。ＮＴＴの世界での戦いは大失敗の連続だ。２０００年代にはＮＴＴコムとＮＴＴドコモが相次いで外国通信会社の買収を行い、いずれも巨額損失を出しただけに終わった。世界市場の獲得など全く進まなかった。

一方で、その頃に創業されたグーグルやフェイスブックは、あっという間に世界を席巻し、ＮＴＴは国内市場でも厳しい立場に追い込まれた。

競争環境が大きく変わったのはＮＴＴの言うとおりだが、「ＮＴＴが統合したら世界で戦える」とは、とても信じる気になれない。

６Ｇ時代の復権は可能か？

通信事業の最大の特徴は、明治以来、「独占」が長く続いてきたことだった。

電報が１８７０年、電話が１８９０年に東京・横浜間で開始されて以来、「逓信省」「電気通信省」「日本電電公社」の時代、一貫して国が独占的にサービスを提供してきた。

同じ官営事業でも、鉄道は初期から国鉄だけでなく民営鉄道もあった。公益事業でも電力やガスは当初から民営だった。この点、通信は「独占」という大きな特徴があった。電力会社なども強大だが、ＮＴＴとは比べ物にならなかった。

その巨大独占事業の民営化・再編の経過は、町田徹氏が２００４年に著した『巨大独占　ＮＴＴの宿罪』に精緻に描かれている。

簡単に振り返ると、その電電公社の民営化がなされたのが１９８５年だ。第二臨調の１

982年答申では、単に「民営化」だけでなく「独占の弊害除去」を求め、「中央会社と複数の地域会社への再編」を提言していた。しかし、これにはNTTが強く反対し、1985年時点では、1社体制のまま民営化、「NTTのあり方は5年以内に再検討」と先送りされた。

5年後の再検討では、「移動体通信業務の分離・完全民営化」が決まり、92年にNTTドコモが分社化された。

さらに5年後、東西2社の地域通信会社と長距離通信の分割も決まり、NTT東日本、NTT西日本、NTTコミュニケーションズが誕生した。その際、郵政族のドンだった野中広務氏の裁定で、「持株会社」方式が認められた。分割はするが、持株会社による統括が認められることになった。

出発点が「独占」だったからこそ、長い経過を経て「競争促進」が図られた。「競争促進」の成果は2000年前後に花開いた。インターネットサービスには多くの事業者が参入して活性化し、日本は世界に先駆けてインターネット大国になった。ドコモは革新的なiモードもスタートした。

しかし、この頃を頂点に、競争政策は停滞し、日本の通信産業は地位を低下させていった。

通信技術の開発競争でも、2000年前後の日本勢は絶頂期だった。当時はNTTドコモの研究所の周辺には、ノキア、モトローラなど世界のメーカーが拠点を置き、かつての電電ファミリー（電電公社時代に機器製造などを担った企業）の延長で、ＮＥＣやパナソニックなど日本勢は大きな存在感を持った。

日本の技術開発は世界をリードし、だからこそ標準規格争いでは欧米勢に嫌がらせを受けたりもした。２００1年の３Ｇ商用化では日本は世界に大きく先行したものだった。ところが、その後はすっかり凋落していく。５Ｇの競争ではファーウェイなど中国勢にも大きく後塵を拝し、サービス普及も世界で出遅れている。

「ＮＴＴ再統合」論では、この点もよく指摘される。次の６Ｇの時代には、米中に負けてはならない。だから、ＮＴＴを統合して強くし、かつてのように潤沢に資金投入して開発競争を勝ち抜かなければならない……ということだ。

この主張も理解できないではない。日本勢には復権してほしい。しかし、ここでも、「ＮＴＴ再統合」が本当に解決策になるのかは疑わしい。

結論として「ＮＴＴ再統合」は、今やたいした話ではないと思う。再統合が大成功につながるかは定かではない。その一方で、再統合によって競争環境が大きく歪むかといえば、ＮＴＴにとっては悲しむべきことに、もはやそんな力もない。

問題の本質は、日本がこの20年、通信分野で競争促進を十分にできず、「不透明な馴れ合い構造」を作り上げてしまったことだ。この結果が、情報通信分野での国際競争力の低下をもたらした。

競争政策を立て直さないといけない。これを放置する限り、情報通信分野での日本の復権は見込めない。

第4章

テレビ衰亡を招いた「放送行政」

1 進まないNHK改革

テレビは冬の時代だ。「若者がテレビを視ない」と言われるようになって久しい。テレビを視ない世代は着実に広がっていく。ネットフリックス、アマゾンプライムなど、ネットで魅力的なコンテンツは続々と拡大している。例えば昨年は「愛の不時着」がネットフリックスで配信されて大評判になった。テレビ離れはもう止まらない。

テレビ冬の時代に独り勝ちのNHK

テレビ離れはビジネスを直撃する。広告市場では、テレビとインターネットの逆転がとうとう起きた。わずか5年前の2014年にはテレビ：1兆9564億円、インターネット：1兆519億円と倍近くの差があったが、2019年はテレビ：1兆8612億円、インターネット：2兆1048億円だ。

広告を出すスポンサー企業からすれば、テレビに広告を出し続けても広告効果は下がる

テレビ局の放送収入の推移

（単位：億円）

	2014年度	2015年度	2016年度	2017年度	2018年度	2019年度	2014→2019増減	2020年度上期	(対前年度比)
NHK	6,493	6,625	6,769	6,913	7,122	7,115	9.6%	3,511	▲2.4%
日本テレビ	2,385	2,485	2,558	2,548	2,563	2,480	4.0%	987	▲17.1%
フジテレビ	2,311	2,136	2,015	1,907	1,863	1,807	▲21.8%	703	▲20.7%
テレビ朝日	1,905	1,893	1,956	1,928	1,879	1,766	▲7.3%	678	▲20.2%
TBS	1,690	1,684	1,716	1,701	1,715	1,665	▲1.5%	664	▲18.2%

各社財務諸表より筆者作成
※NHKは受信料収入、民放各局は放送収入（スポット＋タイム）

一方だ。しかも、ネット広告なら、どんな属性の人がどの程度広告を見たか、テレビよりずっと精度の高いデータが手に入る。新旧交代劇はこの先、さらに差を広げていくことになるだろう。

個社ベースでも当然、民放各局は苦しい。民放トップの日本テレビはなんとか持ちこたえているが、他はだいたい放送収入の減少が止まらない。さらにコロナ禍が追い打ちをかけ、２０２０年度上期は在京キー局で前年度比マイナス20％前後の大打撃になった。ローカル局はさらに大きな下げ幅に見舞われたところもある。冬の時代はさらに厳冬に入っている。

そんな中で、唯一絶好調なのがＮＨＫだ。受信料収入は、２０１４―18年度は5年連続で過去最高を更新し、高水準が続く。昨年はさすがにコロナ禍で戸別訪問が阻まれマイナスになったが、とはいえマイナス２％。民放各局と比べたら掠り傷程度だ。

絶好調を支えるのが受信料支払率の上昇だ。受信料支払率は２０００年代半ば、制作費横領などの不祥事に端を発した「受信料不払い運動」で大きく落ち込んだ。その後、訴訟も含む法的手段を取り始めて支払率は回復。さらに最高裁で「テレビ受信機の設置時に遡って支払義務が発生」との判決が出たことも、上昇を後押しした。

受信料という特殊な制度に支えられた独り勝ち状態。それでも、ＮＨＫの番組内容が突出して素晴らしいなら、まだ許容する余地もある。残念ながらそうは言えない。ＮＨＫの番組への批判は、各方面から後を絶たない。

最近では、通称軍艦島に関する過去のドキュメンタリーが問題になっている。事実かどうか疑わしい映像で「朝鮮半島出身者の虐待労働」などを強調し、徴用工を巡る韓国側の主張の根拠として利用された可能性も指摘され、国会でも取り上げられている。受信料を使って国益を損なっているとすれば、受信料を払う側としてはたまったものではない。

批判は保守サイドからだけではない。政府を厳しく監視するウォッチドッグの役割を果たせているかどうかも疑わしい。ＮＨＫは予算を握られているから政府・与党に弱いことは古くから指摘されてきた。

最近ではかんぽ生命の不正販売報道を巡る経過でも弱腰の一端があらわれた。当初『ク

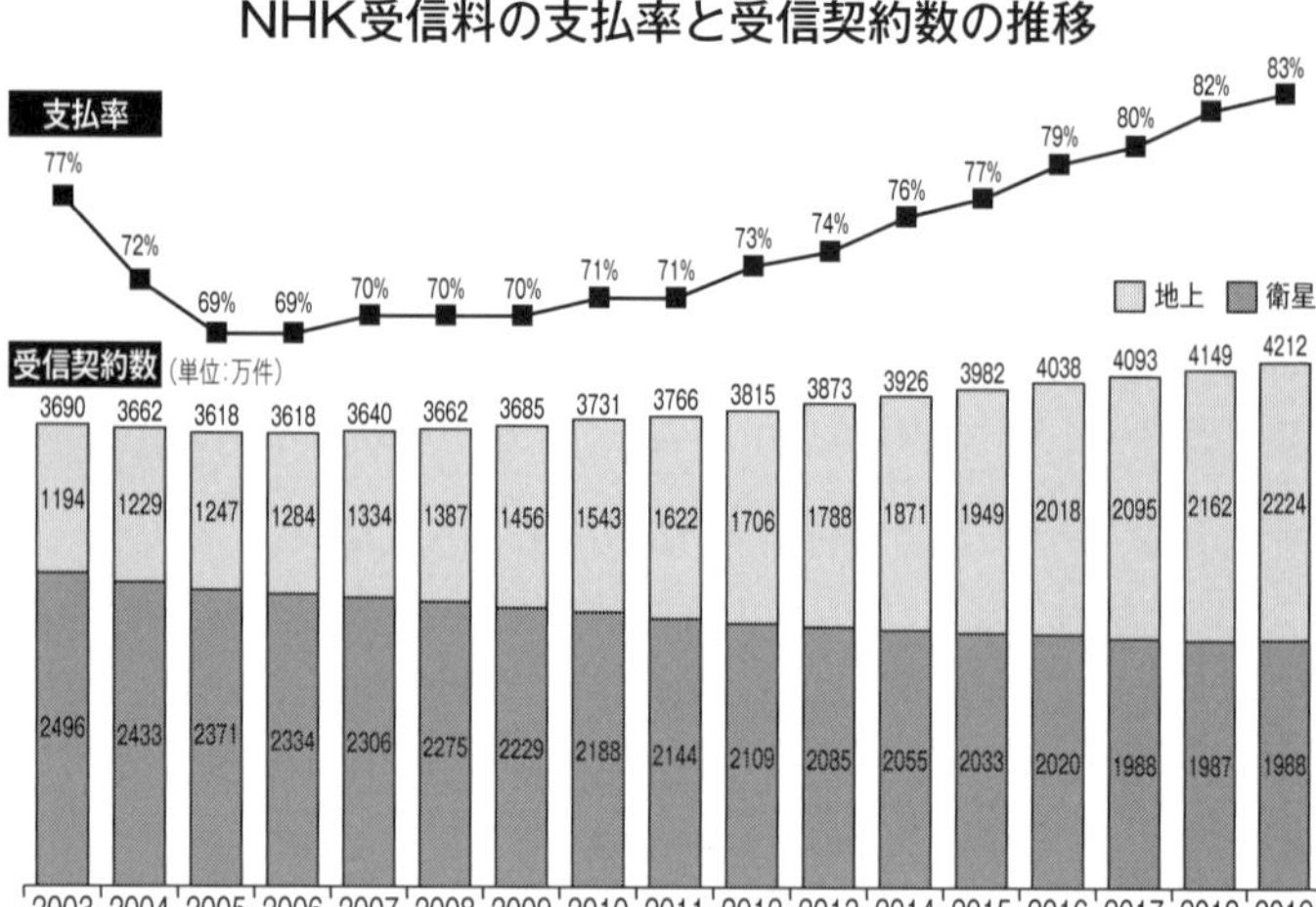

出典:総務省資料

ローズアップ現代＋』で問題を取り上げたまではよかったが、日本郵政側から抗議を受けると、たちまちひるんで続報を断念した。これは、日本郵政の圧力というより、当時副社長を務めた元・総務事務次官、つまり総務省の圧力に屈したものだ。

『ニュースウオッチ９』で２０２０年秋、生出演した菅義偉首相に厳しい質問を繰り返した有馬嘉男キャスターは２０２１年３月いっぱいで降板になった。この人事も「官邸の激怒」が原因との説が流れているが、これまでＮＨＫが圧力に屈してきた実例を考えれば、さもありなんとみえてしまう。

独り勝ちのＮＨＫを後押しする放送法改正案

２０２１年２月、総務省が接待問題で大激震に見舞われる最中、総務省主管の放送法改正案が閣議決定された。閣議決定当日のＮＨＫニュースでは、「放送法改正案　閣議決定　ＮＨＫ剰余金原資に受信料値下げに充当」との見出しで報じられた。受信料値下げにつながるならよい話とみえるかもしれないが、そんな話ではない。

そもそも、これまで受信料収入が増えすぎたので剰余金が溜まってきた。繰越剰余金は２００４年度には３６６億円だったが、２０１９年度は２９７４億円だ（建設積立金１６９４億円も含む）。ＮＨＫは現在渋谷の社屋を建替中だが、隣接業界のエイベックスや電通が社屋売却する中でこんなことができているのは、受信料で過大な利益をあげてきたからだ。

これまで受信料を引き下げてこなかったのが異常なのであって、「法改正して受信料値下げ」と高らかに宣伝するような話ではない。

ＮＨＫニュースでは添え物扱いだが、もう１つの重要改正項目が「受信料の支払遅滞への割増金」だ。支払わずにいると割増金が課される。総務省の言い分は「公平性の確保」。つまり「現状では受信料を払っていない人がいて不公平だから」というのだが、これは表

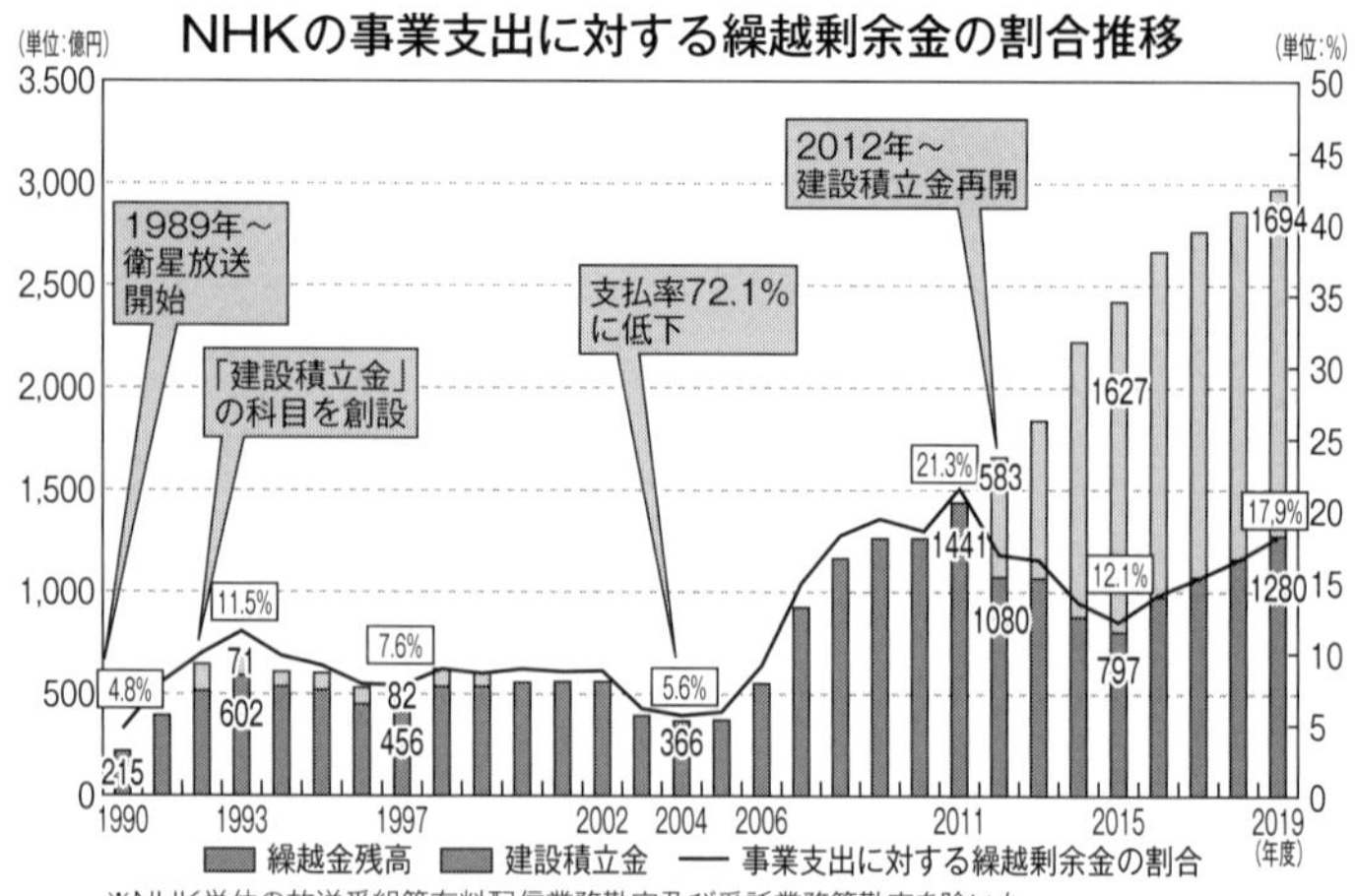

※NHK単体の放送番組等有料配信業務勘定及び受託業務等勘定を除いた一般勘定においてNHKが「財政安定のための繰越金」としている額を指す。
出典：総務省資料

向きの理屈だ。要するに、受信料徴収をさらに促進し、独走状態のＮＨＫにさらに電動アシスト装置をつけるような制度にしかみえない。

法案決定に至る検討段階では、ＮＨＫは「割増金」に加え、「テレビ受信機の設置届出制」や「未契約者の氏名等を公的機関に照会できる制度」なども総務省に要望していた。これらはさすがにやりすぎとの批判がでて実現しなかったが、「割増金」は実現してあげようというわけだ。

本当は今回の放送法改正は、「ＮＨＫ改革」がなされるはずだった。総務省はＮＨＫに対し「三位一体改革」、すなわち「業務スリム化、受信料値下げ、ガバナンス強化」を求めてきた。昨年のネット同時配信開始に際しても、ＮＴＴ肥大化を抑えるため、改革実施が

放送法改正案の概要(2021年2月国会提出)

近年の放送をめぐる環境の変化を踏まえ、NHKの受信料の適正かつ公平な負担を図るために還元目的積立金に関する制度等を整備するとともに、他の放送事業者等による責務の遂行に対するNHKの協力に係る努力義務規定を整備する等の措置を講ずる。

背景

○総務省の「放送を巡る諸課題に関する検討会」第一次取りまとめ(平成28年9月9日)における提言を踏まえ、NHKの①業務の在り方、②経営の在り方、③受信料の在り方について一体的に改革を進めていくことが必要とされており、①及び②については、令和元年の放送法改正において所要の措置が講じられたところである。

○③については、同検討会の分科会(令和2年4月より開催)における受信料の適正かつ公平な負担に向けた改革の方向性を受け、速やかに所要の制度整備を行う必要がある。

○その他、ネット動画配信サービスの普及等により、放送事業者等は厳しい事業環境に直面しているところ、今後経営状況が悪化し、その責務を十分に遂行できない者や業務等を休廃止する者が生じることが懸念されるため、所要の制度整備を行う必要がある。

改正の概要

1. NHKの受信料の適正かつ公平な負担を図るための制度の整備

○還元目的積立金に関する制度の整備

- NHKは、毎事業年度の損益計算において生じた収支差額が零を上回るときは、当該上回る額の一定額を還元目的積立金として積み立てるとともに、積み立てた額は、受信料の額の引下げの原資に充てなければならないこととする。

○関連事業持株会社への出資に関する制度の整備

- NHK及びそのグループ会社の業務の効率化を図り受信料に係る費用の支出を抑制するため、NHKは、関連事業持株会社(いわゆる中間持株会社)に出資できることとする。

○受信契約の締結義務の履行遅滞に係る割増金に関する制度の整備

- 受信契約の条項の記載事項を法定化し、受信契約の締結義務の履行を遅滞した者を対象とする当該義務の履行遅滞に係る割増金に関する事項を規定することとする。

2. 他の放送事業者等による責務の遂行に対するNHKの協力に係る努力義務規定の整備

- NHKは、その業務を行うに当たっては、①他の放送事業者が視聴覚障害者向け番組をできる限り多く設けるようにする責務にのっとり講ずる措置又は②他の特定地上基幹放送事業者等が国内基幹放送をあまねく受信できるようにする責務にのっとり講ずる措置の円滑な実施に協力するよう努めなければならないこととする。

3. 基幹放送事業者の基幹放送の業務等の休止又は廃止の公表に関する制度の整備

- 基幹放送事業者が、基幹放送の業務等の休止又は廃止をしようとするときは、その旨を公表しなければならないこととする。

出典:総務省HP

前提として突きつけられた。

ところが、2021年1月にまとまった2021―23年度のNHK中期経営計画では、業務スリム化は結局、衛星放送とラジオAM放送を1チャンネルずつ削減、事業支出は3年で550億円削減という程度にとどまった。改革は中途半端なまま、「受信料の徴収促進」だけを制度化しようというわけだ。

「NHK改革」がなかなか進まないのは、不思議にみえるかもしれない。先に述べたように、NHKは政府・与党との関係で弱い。権限を握られ、圧力には屈することも多い。それなら、NHKは政府・与党の求める「NHK改革」は、とっくに実現していてもよさそうなものだ。

実はここが肝心なところだ。政府・与党は「NHK改革」を唱えても、たいていの場合、本当に骨を断つ抜本改革はやらない。刀を抜く構えはみせるが、最後は適当なところでNHKの顔を立て、その代わり、番組制作や報道姿勢では忖度を求める。

余計な批判は抑え、できるだけ好意的に報道してもらう。そんな取引が成立すれば、政治家にとっては好ましい。NHKにとっても悪い取引ではない。総務省の官僚たちも、そんな馴れ合い構造がわかっているから、本気で改革に踏み込もうとはしない。

こうして改革茶番劇が続き、受信料制度はさんざん問題にされながら抜本改革を逃れ、NHKは独り勝ちを続けてきた。

受信料モデルはもはや限界

受信料制度について改めて整理しておこう。放送法では「テレビ受信機を設置した者はＮＨＫと契約を結ばなければならない」と定められている。「テレビ受信機があれば支払い義務」というのではなく、間に「契約」がはさまって、契約締結すると支払義務が生じる。だが、「契約」は一般には両当事者の合意のはずなので、話がややこしくなる。

自宅にやってくるＮＨＫの集金人に向かって「テレビ受信機はあるが、自分はＮＨＫは視ていない」と契約を拒む人は昔からいた。この主張は制度上認められない。放送法上、ＮＨＫを受信できるテレビ受信機がある以上、実際に視ているかどうかにかかわらず契約義務が生じ、契約締結すると支払義務が生じる。この点は２０１７年の最高裁判決でも確認され、テレビ受信機の設置時に遡って支払義務が生じるものとされた。

現行制度を改め、「スクランブル化」すべきとの主張も以前からある。ＮＨＫを視たい人だけが契約することにし、契約していない人はスクランブルをかけて視られなくしたらよいとの提案だ。

「ＮＨＫから国民を守る党」が公約に掲げて国会で議席獲得し有名になったが、別に同党が言い出した話ではない。古くから議論はあり、２００５年の規制改革・民間開放推進会議で「現行の受信料制度を廃止し、視聴者の意思に基づく契約関係とすべき」との答申が出されたこともあった。

本来「契約」である以上、視たい人が契約するのが筋だ。受信料制度はもともと無理のある制度だった。さらにネット配信の登場に伴い、論理的には破綻している。なぜかというと、「テレビ受信機を持つ」と「テレビ番組を視聴する」の関係が切断されてしまったからだ。

家にテレビ受信機がない人は今や少なくないが、だからといってテレビ番組を視ていないとは限らない。スマホでＴＶＥＲなど見逃し配信は視ていたりする。他方で、テレビ受信機を持っている人がテレビ番組を視ているとも限らない。筆者自身も家のテレビではネットフリックスやネット動画が流れていることが多い。

今後、民放でも同時配信が本格化すれば、「テレビ受信機」と「番組視聴」の断絶はますます進む。「テレビ受信機」を起点とした受信料制度はもはや成り立ちえない。

そうなると、「今度はネット配信の受信料を徴収するのでは」との疑念も生じるが、おそらくそうはならない。「パソコンやスマホを持っていたら、ＮＨＫのネット配信を視る可能性があるから契約義務」というのはさすがに無理があって難しい。だからといって、ネットでは「ＮＨＫを視たい人だけが契約」という仕組みにするわけにもいかない。そんなことをしたら、放送も「ＮＨＫを視たい人だけが契約」にすればよいとの議論を惹起し、受信料制度が根底から揺らぐからだ。

このため、ＮＨＫは昨年ネット配信「ＮＨＫプラス」をスタートした際、「テレビ受信機を持っている人しか利用できない」という不思議な仕組みにした。本来なら、スマホしか持っていない人が利用してこそ意味があるはずだが、これは認められていない。そこに手を伸ばした途端、受信料制度が揺らぐとわかっているからだ。

受信料制度を基礎としたビジネスモデルは、そろそろ抜本見直しが必要だ。ＮＨＫにとっては都合のよい、何としても守りたい制度だったのだろうが、もはや限界に達している。

改革の道筋はシンプルで、昔から言われてきたように「スクランブル化」したらよい。災害報道など、どうしても公共放送として残すべき領域は、全国民で広く負担し、誰もが視られるようにしたらよい。視たい人だけが加入する「民間ＮＨＫ」と、公的に支える「公共ＮＨＫ」に分割する。これが「ＮＨＫ改革」の基本のはずだ。

これに対し「視たい人だけが加入する仕組みでは、質の高い番組制作を支えられない」との反論がある。本末転倒だ。受信料制度廃止で加入者が激減するとしたら、それは番組の質が低いからだ。ネットフリックスなどをみたらよい。契約義務などなくても、有料で視たい人たちが番組制作を支え、番組の質は高まるばかりだ。

もちろん競争は厳しい。ＮＨＫの受信料は月額２１７０円（衛星契約の場合）。これに対し、ネットフリックスは月額1490円（スタンダードプランの場合）、アマゾンプライムは月額500円（速達配達などのサービスを含む）だ。今のNHKの番組で、それだけの価値を視聴者に認めてもらえるかどうか。勝負してこそ番組の質は高まるはずだ。

2 「通信・放送の融合」が停滞した淵源

テレビは冬の時代だ。しかし、テレビがただ消え去ればよいとは思わない。日本のテレビ番組は、エンタメも報道も、プロの制作者たちが長年培ったノウハウ・技術を詰め込み、高いクオリティを維持してきた。多くのネット番組とは今も比べ物にならない。また、地域ごとに拠点を置いて番組を作り、政治・社会を報道してきた。単なるビジネスを超え、民主主義の基盤ともなっている。雲散霧消してしまうのは惜しいし、社会にとって危ういことでもある。

本当はもっと早い段階で業界の変革に取り組んでいたら、こんな苦境には陥らなかったと思う。2000年代にライブドアや楽天がテレビ参入を目指していた頃に「通信・放送の融合」が実現していれば、今頃はネットフリックスなど相手にならない強力なコンテンツ産業が日本発で栄えていたのではないか。

ホリエモンらの挑戦を阻んだのは、結論からいうと、旧来の業界構造の呪縛だった。ネットで県域を越えて番組を流せば、キー局とローカル局の構造が瓦解する。だから、テレビ業界は放送波にこだわり、代償として進化の可能性を閉ざし、冬の時代に入り込んできた。

テレビのネット同時配信が遅れた理由

「通信・放送の融合」が停滞した経過を、もう少し詳しく述べておこう。

「なぜテレビの生放送はインターネットでみられないのか？」ということは、２００５年に総務大臣に就任した竹中平蔵氏が記者会見で提起した疑問だ。

技術的にはその当時から可能だったが、なかなか進まなかった。ネット同時配信は２０２０年になってようやくＮＨＫプラスがスタートし、民放はまだ試行的段階だ。主要先進国と比べても遅れが目立った（英国は２００６年、フランスは２０１１年、米国は２０１３年からスタートした）。

最大の理由は、キー局と県単位のローカル局の構造だ。

民放は５つの在京キー局のもと、ローカル局が系列化されている。首都圏・関西圏・中京圏を除き、県単位になっている。ローカル局は、大半はキー局の制作した番組を流し、その対価として「ネットワーク費」をもらう。

ローカル局の収入の相当部分は「ネットワーク費」が占める。番組を提供してもらって、さらにお金ももらうのは解せないかもしれないが、建前上は、放送枠をあけて番組を流させてあげた対価、ということになっている。実態上は、通称「ミルク補給」とも呼ばれるように、要するに一人前ではないローカル局に対する補助金だ。

その一方、この構造はキー局にもメリットがある。スポンサーに対し「全国で放送される」といって広告収入を得られるからだ。テレビ業界は、こういう壮大な護送船団の構造で成り立っていた。

キー局・ローカル局構造とネット配信は、水と油の関係だ。もしキー局の番組をネットで全国でみられるようになったら、ローカル局の存在意義がなくなってしまうからだ。

このため、ローカル局が大半を占める「民放連」は、ネット同時配信にずっと反対してきた。また、ローカル局は各県選出の国会議員とのつながりも深いから、政治も慎重姿勢をとってきた。2016年には、ネット同時配信がなかなか実現されなかったのは、こうした事情だ。

2016年には、ネット同時配信のための放送法改正案が一時検討されたが、民放の強い反発で立ち消えになったこともあった。その後しばらくはお蔵入り状態だった。

2019年になってようやく放送法改正がなされたのだが、その中味にも触れておく。

各都道府県の民放テレビ局

	JNN（28社）	NNN（30社）	FNN（28社）	ANN（26社）	TXN（6社）	独立協（13社）
北海道	北海道放送	札幌テレビ放送	北海道文化放送	北海道テレビ放送	テレビ北海道	
青森	青森テレビ	青森放送		青森朝日放送		
岩手	IBC岩手放送	テレビ岩手	岩手めんこいテレビ	岩手朝日テレビ		
宮城	東北放送	宮城テレビ放送	仙台放送	東日本放送		
秋田		秋田放送	秋田テレビ	秋田朝日放送		
山形	テレビユー山形	山形放送	さくらんぼテレビジョン	山形テレビ		
福島	テレビユー福島	福島中央テレビ	福島テレビ	福島放送		
東京	TBSテレビ	日本テレビ放送網	フジテレビジョン	テレビ朝日	テレビ東京	東京メトロポリタンテレビジョン
群馬						群馬テレビ
栃木						とちぎテレビ
茨城						
埼玉						テレビ埼玉
千葉						千葉テレビ放送
神奈川						テレビ神奈川
新潟	新潟放送	テレビ新潟放送網	NST新潟総合テレビ	新潟テレビ21		
長野	信越放送	テレビ信州	長野放送	長野朝日放送		
山梨	テレビ山梨	山梨放送				
静岡	静岡放送	静岡第一テレビ	テレビ静岡	静岡朝日テレビ		
富山	チューリップテレビ	北日本放送	富山テレビ放送			
石川	北陸放送	テレビ金沢	石川テレビ放送	北陸朝日放送		
福井		福井放送	福井テレビジョン放送	福井放送		
愛知	CBCテレビ	中京テレビ放送	東海テレビ放送	名古屋テレビ放送	テレビ愛知	
岐阜						岐阜放送
三重						三重テレビ放送
大阪	毎日放送	読売テレビ放送	関西テレビ放送	朝日放送テレビ	テレビ大阪	
滋賀						びわ湖放送
京都						京都放送
奈良						奈良テレビ放送
兵庫						サンテレビジョン
和歌山						テレビ和歌山
鳥取	山陰放送	日本海テレビ				
島根			TSKさんいん中央テレビ			
岡山	RSK山陽放送		岡山放送		テレビせとうち	
香川		西日本放送		瀬戸内海放送		
徳島		四国放送				
愛媛	あいテレビ	南海放送	テレビ愛媛	愛媛朝日テレビ		
高知	テレビ高知	高知放送	高知さんさんテレビ			
広島	中国放送	広島テレビ放送	テレビ新広島	広島ホームテレビ		
山口	テレビ山口	山口放送		山口朝日放送		
福岡	RKB毎日放送	福岡放送	テレビ西日本	九州朝日放送	TVQ九州放送	
佐賀			サガテレビ			
長崎	長崎放送	長崎国際テレビ	テレビ長崎	長崎文化放送		
熊本	熊本放送	熊本県民テレビ	テレビ熊本	熊本朝日放送		
大分	大分放送	テレビ大分	テレビ大分	大分朝日放送		
宮崎	宮崎放送	テレビ宮崎	テレビ宮崎	テレビ宮崎		
鹿児島	南日本放送	鹿児島読売テレビ	鹿児島テレビ放送	鹿児島放送		
沖縄	琉球放送		沖縄テレビ放送	琉球朝日放送		

出典：日本民間放送連盟HP

※白抜き文字の局はクロスネット社

少しややこしいが、この法改正は、直接的には民放とは関係ない。もともと民放は法律上、ネット同時配信をするもしないも自由だった。ただ、やりたくないので、やらずにきただけだ。

これに対しＮＨＫは法律上、ネット同時配信を禁じられていた。しかしＮＨＫは民放とは逆に、ネット同時配信を早くやりたいと要望していた。民放と異なり、ローカル局問題は抱えておらず、前の節で述べたように余力もあるからだ。

民放としては、ＮＨＫが先にネット配信をスタートしてしまうのは困る。自分たちもやらざるを得なくなってしまう。そこで、改正に反対してきたという経緯があった。

ちなみに、２０１８年「かんぽ不正販売」を巡って日本郵政がＮＨＫに圧力をかけた事案があったが、この話と大いに関連する。圧力をかけた中心の日本郵政上級副社長は元総務事務次官だった。

ＮＨＫは当時、なんとか放送法改正を実現してほしいと陳情している最中だ。民放や政治を巻き込む難しい綱引きの中で、総務省の機嫌を損ねるわけにはいかない。元総務事務次官に盾突くわけにはいかないと、安易に圧力に屈することになった。

「正力マイクロウェーブ構想」から「県域免許」へ

日本のテレビの黎明期の激動については、猪瀬直樹氏の『欲望のメディア』で詳しく描かれている。

ごく一部だけかいつまんで紹介すると、戦後のテレビ事業の起点となるのは、米国の反共イデオロギー戦略に呼応して、正力松太郎が打ち出した稀有壮大な「マイクロウェーブ構想」だった。1952年に「電波監理委員会」が廃止される間際、この正力構想に対して日本初のテレビの予備免許が付与される。これが「日本テレビ放送網」となった。「放送網」という名称に痕跡が残されるように、当初は、富士山をはじめとする山々に電波塔を建て、全国をマイクロウェーブ網で結ぶ構想だった。「県単位」などというちっぽけな話ではない。それどころか、アジア太平洋地域への展開まで視野に入っていた。

さらに、マイクロウェーブ網はテレビだけでなく、電話・ファクシミリ・レーダーなど通信にも利用する構想だった。最初から通信・放送融合だったわけだ。

ところが、これに対して電電公社は「通信網は自分たちの縄張り」と反発する。結局1954年、正力の構想は否定され、通信網は電電公社が一元的に担うことになった。通信と放送の断絶は、ここが淵源だった。

県単位のローカル局の構造を作ったのは、田中角栄郵政大臣だった。

１９５７年に全国44局の大量免許付与がなされる。それまでのテレビ局の免許は、多くの利害関係者がいる中でおそるおそる少しずつなされていたが、当時の田中大臣は異例の一斉処理を行い、全国各地にローカル局が誕生することになった。

当時、開局申請者を一斉に郵政省大臣室に呼び出した。「みなさん一緒になって新会社をつくって欲しい。A申請人の持株は１％、B申請人は１％、C申請人は１％とする。AとBからは代表権を持つ取締役各1名、CとDは取締役各１名、E代表は監査役１名」といったように大臣自ら調整案を申し渡し、即断即決で処理したという。

こうしてスタートした県単位の免許は「県域免許」と呼ばれ、今日まで続いている。

さらに郵政大臣退任ののちも、新聞を軸にネットワークの整理・再編に取り組み、現在のキー局・ローカル局の構造が作られていく。テレビの免許を付与することで新聞に恩を売り、新聞とテレビのクロスオーナーシップ構造も確立していった。

結果として、全国各地にテレビは広がった。民主主義と経済社会の発展に大いに貢献した。これは田中角栄の大きな功績だと思う。

ただ、問題は、構造の完成度があまりにも高かったことだ。その後の状況変化に応じて手直しを施そうにも、手直しを許さない仕組みが出来上がってしまった。

キー局・ローカル局の構造は、田中郵政大臣の時代から60年以上を経て、もはや限界を迎えている。「県域免許」は、高度成長期ならばともかく、人口減少と地域経済の縮小が続く中でもう合理性は乏しい。

ネット同時配信がなかなか実現しなかったのは、その限界の象徴だ。せっかく技術革新で新たなサービスが可能になっても、それを利用しようとせず、むしろ否定しようとする。変革を拒む状態で、業界に未来はない。

ところが、これを手直ししようとすると、限りなく難しい。新聞や地域の関係者に巧妙に利権を分配してあって、その上に長年の貸し借り関係が築かれている。各ローカル局と地元政治家との関係も密接にできあがっている。「県域免許の見直し」などといった途端、マスコミと政治から大反対が巻き起こってしまう仕掛けだ。

旧郵政省はとても手を出せず、護送船団をそっと見守る放送行政を続けてきた。

「ハード・ソフトの分離」への猛反発と展望

業界再編につながる動きが全くなかったわけではない。

竹中総務大臣のもとでは「ハード・ソフトの分離」の議論がなされた。「ハード」とは送信設備を建てて放送波を流す部門、「ソフト」とは番組制作部門を指す。

地上波テレビはどこも、ハードとソフトが一体の垂直統合型で運営されてきた。しかし、お隣の通信業界をみれば、「通信自由化」で通信網とサービスのレイヤーが分離され、その後のインターネットサービスの大発展につながった。

放送業界でも、分離により新規参入や再編を促進できるのではないか、との提案だったが、これには猛反発が起きた。テレビ局からすれば、自分たちを解体するプランだと受け止めたわけだ。マスコミと政治の一斉反対装置が作動した。

結局、「レイヤー区分に応じた法体系に改めるが、垂直統合のままでも構わない」という痛み分けの決着になった。これは通信自由化でいえば、「NTT以外も参入できる」という制度は作ったが、実質的な競争促進を図る通信網開放などを何もやらなかったようなものだ。現実は何も変わらなかった。

現実を変える手立てがあるとすれば、NHKの資産を開放し、それを起爆剤にすることだと思う。

前の節で述べたように、NHKは放送業界の中で独り勝ちしてきた。国民の受信料を元手に蓄積してきた、貴重な資産がたくさんある。

例えば、全国に整備された放送用アンテナなどのハード設備は、民放ローカル局にも開放して共用プラットフォームにすれば、業界再編の起点になる。

開局以来の膨大なアーカイブは、開放すれば新たなコンテンツ産業創出を加速できる。

かつての正力マイクロ構想のように、通信・放送にまたがる壮大な基盤を構築することも、ＮＨＫの地力があれば夢ではない。

放送政策の課題は、未来の情報通信産業の変革に向けて、その起点となる「ＮＨＫ改革」を設計することだ。馴れ合い護送船団からはそろそろ卒業しないといけない。

第5章

地方自治を信用しない「自治行政」

1 「真の地方自治」と「大阪都構想」

生き延びた「中央統制」

旧自治省は、「地方自治」の推進役と捉えられることも多い。

たしかに、その面を否定はしない。かつての地方分権改革で「機関委任事務」を廃止したときには、自治省は、建設・農業・保健などの各分野で自治体を統制しようとする事業官庁と戦い、地方自治を前進させた立役者だった。

しかし、その一方で、自治省は、地方交付税の配分などを通じ、自治体を統制する側でもあった。その両面を理解しておく必要がある。

まず、地方自治が現在の姿に至る経過をざっと概観しておこう。

戦後ＧＨＱが地方自治を持ち込み、１９４６年に府県知事・市長村長が直接公選になった。ちなみに戦前は、府県知事は官選知事で内務省から送り込まれ、市町村長は市町村会が選任し（戦時中は、市町村会の推薦で内務大臣が任命）、いずれも住民の直接公選ではなかった。

翌1947年には、府県制・市町村制などを統合して「地方自治法」が制定された。都道府県官吏（国家公務員）は公吏（地方公務員）になり、府県は完全自治体になった。内務省は解体された。

ただ、国が地方を統制する仕組みは「機関委任事務」などの形で生き延びた。

内務省地方局は、いちどは局から「総理庁官房自治課」に格下げになったが（ほかに地方財政委員会、全国選挙管理委員会がおかれた）、その後「地方自治庁」（1949年）、「自治庁」（1952年）、「自治省」（1960年）へと、逆に省に格上げになった（第1章の図表参照）。

1949―50年の「シャウプ勧告」では、直接税中心の簡素・公平な税制などとともに、「地方税の拡充強化」が勧告された。財政面で自治体の独立性を高める目的だったが、その後、都道府県に割り当てられるはずだった付加価値税は実現しなかった。地方交付税や補助金による中央統制は続き、「3割自治」と呼ばれる状態になった。

1950年代は、「逆コース」の時期だ。地方自治に関しても、実現には至らなかったものの、「官選知事復活」や「内務省復活」が真剣に検討された。「官選知事復活」は「道州制」として議論されることもあった。

道州制は最近では地方自治をさらに推し進める文脈で議論されるが、当時は、公選知事に代えて官選の地方長官をおく前提だった。ちなみに今でも、霞が関で道州制の議論をすると、国の出先機関を統合するイメージで考えている人が少なくないが、この頃以来の伝統的志向だ。

その後、高度成長期になると、「新中央集権化」と呼ばれる動きが生じた。開発部門を中心に各省庁の出先機関の強化などもなされた。

こうして、戦後「地方自治」は導入されたが、「中央統制」がしぶとく生き延びてきた。

「3割自治」の実情

財政面では、よく「３割自治」といわれることがある。地方の財政は本来は地方税で賄われるべきところ実際は３割程度で、国からの財政補助に依存している、との意味合いだ。キャッチフレーズで用いられている面もあって、「３割」は必ずしも正確ではなく、残りをすべて国に依存しているわけでもない。ただ、自治体が財政面で自立していないのはそのとおりだ。

なぜ自立できないかというと、歳出と歳入の配分が大きくずれているからだ。歳出面では、自治体はトータルでは国よりずっと多く、国：地方が概ね４：６。これに対し歳入面

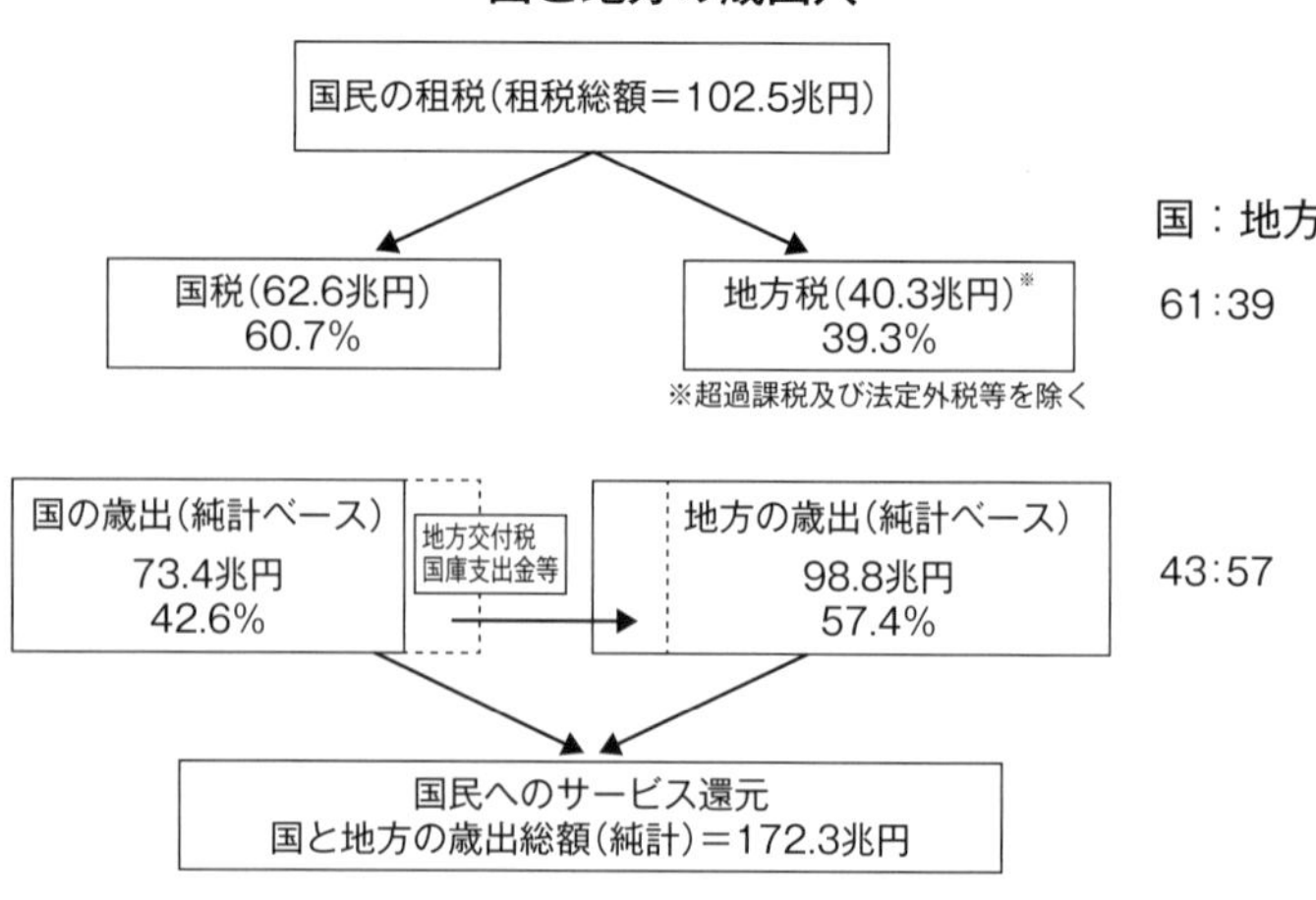

出典：総務省資料（2019年度）

では、国民の払う税金は多くは国税で、国：地方は6：4だ。逆転しているから、その分を国から地方に補填してきた。

国から地方への補填には2種類ある。「国庫支出金」と「地方交付税」だ。

「国庫支出金」は、用途が決まっている。

例えば、道路や河川の整備の補助金、義務教育費負担金などだ。それぞれの担当の事業官庁から交付される。補助金を出す代わりに、事業のやり方にはさまざまな条件がつけられる。事業官庁からの統制は、多くの場合は補助金というアメとセットでなされてきた。

一方の「地方交付税」は、自治体が自由に使うことができる。こちらは、旧自治省が自治体に配分する。配分は一定の算出方式に基づいてなされ、裁量で好き勝手にできるわけではない。ただ、算出方式の定め方によって、自治体の政策を誘導してきた。

例えば、１９９０年代には景気対策として地方の単独事業を促すため、算出方式に仕掛けが施された。平成の市町村合併は、合併しないと地方交付税が引き下げられる算出方式だったので、全国の自治体が合併に向かわざるを得なかった。地方交付税は、旧自治省の力の源泉だった。

地方交付税を交付する一方で、地方税の税目・税率や地方債の発行は厳しく統制されてきた。地方税の税目は基本的に法律で定められ、税率も多くは統一されている。建前上は「標準税率」（標準を示しているだけで、それより高くても低くてもよい）でも、実質的には標準税率どおりにするよう仕向けられてきた。

こうして、地方交付税で面倒をみる代わりに自治体を統制してきたのが、旧自治省だった。

地方分権改革の担い手の変遷

１９８０年代の第二臨調や行革審の頃から「地方分権」の議論は徐々に高まった。本格的に進められたのが１９９０年代半ば以降だ。おおまかに3段階にわかれる。

第一段階は、「第一次地方分権改革」。第三次行革審や細川護熙内閣で、「規制緩和」とともに「地方分権」が重要課題と位置付けられ、「地方分権推進委員会」が設けられた。そこでの検討・協議を経て、２０００年に「機関委任事務」廃止などが実現した。

第二段階は、小泉純一郎内閣のもとでなされた「三位一体改革」だ。三位とは、国庫支出金改革、地方への税源移譲、地方交付税の見直しだ。成果として、４・７兆円の国庫支出金改革、３兆円の地方への税源移譲、地方交付税の抑制などが実現した。

第三段階は、「第二次地方分権改革」と呼ばれる。第一次安倍内閣以降に「地方分権改革推進委員会」のもとで、出先機関改革、国による義務付け・枠づけの緩和などが進められてきた。

それぞれの担い手は異なった。

「第一次地方分権改革」を推進したのは、自治省と地方分権推進委員会だ。機関委任事務の廃止を中心に、事業官庁からの統制を解くことが中心課題になった。ここでは、自治省は地方自治の推進役だった。

「三位一体改革」では、担い手は財務省と経済財政諮問会議に代わった。財務省にとっては、国の歳出の相当規模を占めてきた地方交付税の削減が主眼だ。看板は総務省になった旧自治省は、ここでは地方交付税を守る側に転じた。

財務省・総務省・各事業官庁の綱引きを経て、一定の歳出削減が実現したが、税源移譲は３兆円にとどまった。財務省も総務省も、自治体の自立を抜本的に進めようとはしなかったからだ。

その後の「第二次地方分権改革」では、担い手がみえづらくなった。初期はまだ、地方分権改革推進委員会（２００７―10年）に猪瀬直樹氏らが参画し、出先機関改革などの議論を強力に進めた。

しかし、その後、改革は急速に停滞していく。２００９年からの民主党政権では「地域主権」が看板政策の１つだったが、むしろそれまで積み上げられた出先機関改革などが骨抜きにされていった。第二次安倍政権以降は、「地方分権」は重要政策課題と位置づけられることはなくなった。

自治体の要望に応じて個別の制度改革を行ってはいるが、各論の域を超えない。かつてのように旧自治省が強力に進める姿はなくなった。

この間、地方分権の別動隊としての「特区」の動きはあった。これはあとの節でまた述べていく。

大阪都構想を妨げた地方自治法

こうして、総務省発足後の旧自治省は、「地方自治」の推進役としての機能が低下した。むしろ「中央統制」を守る側に回る場面が少なくなかった。

私自身が関わった事例では、「大阪都構想」に関する対応も一例だ。大阪都構想は、国との関係では「地方自治法」へのチャレンジであり、地方自治を前進させるプロジェクトでもあったが、総務省の対応は後ろ向きだった。

前提として、まず地方自治法とはどんな法律かというと、名称は「地方自治」だが、内容はむしろ逆だ。地方公共団体の組織構造、権限分配、各種手続などを事細かに定め、地方で勝手な組織運営ができないようにしている。旧自治省のもとで、地方自治を制約している法律だ。

これは戦後GHQが地方自治を持ち込んだ中で、戦前からの国の統制が生き延びた1つでもあった。ちなみに米国の地方制度は、州によって異なるが、一般にシティ、ビレッジなどは住民の発意で憲章を定めて創設される。

そもそも基本的な構造からして、地方政府によりまちまちだ。市長と議会のおかれる「市長・議会型」もあれば、議会から選任された専門行政官が執行を担う「シティマネージャー型」もある。選挙で選ばれる理事数名が合議で運営する「コミッション型」もある。「市長・議会型」の中でも、市長が住民の直接選挙で選ばれる方式もあれば、議会が選任する間接選挙方式もある。

日本では、地方自治法で「市長」「議会」をそれぞれ選挙で選ぶと定められ、そういうものだと大半の人は思い込んでいて、疑いを差しはさむことすらない。日本の地方自治は、住民の発意を起点とする米国の地方自治とは異質な形で出発していた。

大阪都構想は、地方自治法の制約に引っかかる構想だった。かつては東京府と東京市だった東京都のように、大阪も行政組織を改めようとの構想だ。大阪では府と市の二重行政の問題が大きく、解消すべきとの議論が古くからあった。

ところが地方自治法上は、都制度（都と特別区）は東京以外では認められないことになっている。大阪でいくら議論しても、実現不能な夢物語でしかなかった。

２０１１年頃から橋下徹・大阪府知事（当時）のもとで本格的に都構想が検討されはじめた。当時、私は総務省と何度か議論したが、反応は鈍かった。

当時は「地域主権」を唱える民主党政権のもとだったので、前向きに対応してもらえるかと期待したが、全く期待外れだった。旧自治官僚たちにとって、地方制度は自分たちが考えることであり、下々の一自治体が口を出すなどありえない話だった。

そこで、当時同じく府・市の特別顧問を務めた故・堺屋太一氏とともに、議員立法で制度を設けられないかと、与野党の国会議員に話して回った。前向きに対応いただけたのが野党議員だった菅義偉首相らだ。

党派を超えて協議が進められ、２０１２年、民主・自民・公明など7会派共同提案で「大都市特別区設置法」が成立するに至った。

この法律で、「特別区設置協議会」から「住民投票」までを経て、住民の民意が確認されれば、独自の自治体設計が認められる仕組みが定められた。大阪都構想は、法律上実現可能になった。

その後、大阪都構想の住民投票は2回実施され、いずれも否決された。だが、この住民投票がなされたこと自体が、明治以来の歴史の中では大いに画期的なことだ。自分たちの自治体をどう設計するかを、初めて住民が決めた。これは、日本の地方自治の新たなステージを拓く出来事だった。

旧自治省は残念ながら、こうした地方自治の新たな展開に、何ら前向きな対応ができなかった。

「真の地方自治」を妨げた地方公務員法

大阪府・市では、職員制度の改革にも取り組んできた。こちらも2011年頃から、能力実績主義の徹底、外部人材の幹部登用、天下りの規制などを進めようとした。

ここでは「地方公務員法」が立ちはだかった。地方公務員法は、自治体の人事制度を事細かに定めている。やはり自治体の自由度は乏しい。

例えば、政治任用で人材登用できる「特別職」は、地方公務員法で限定列挙されている。知事や市長が「自らの公約実現のため、このポストは政治任用にしたい」と考えても、許されない仕組みになっているのだ。

このときも旧自治官僚らと議論したが、「自治体に自由な制度設計を認めれば、暴走が起きかねない」との危惧から、強く警戒された。結局、地方公務員法上ギリギリ可能な範囲で「職員基本条例」を制定したのだが、旧自治官僚らが自治体への強い不信を持っていることはよくわかった。

かつて小沢一郎氏は『日本改造計画』で、「グランドキャニオンには柵がない」との逸話から、日本の行き過ぎたパターナリズムの解消を求めた。そこから規制緩和や地方分権が本格的に始まった。

しかし、それから長い年月を経て、日本の地方自治制度は柵を張り巡らせた状態のままだ。「幼稚園児レベルの自治体が駆け回って崖から落ちたらいけないから」というのが旧自治官僚たちの言い分だった。

地方公務員法は、地方自治法からは若干遅れて１９５０年に制定された。当時の経緯をみると、当初ＧＨＱから示された原案は、現在の姿とは全く異なるものだった。わずか１ページで、理念や基本的な枠組みだけが示されている。意図として、『真の地方自治』には、自治体に制度設計の自由を与えることが必要」との説明が加えられていた。

ところが、その後、法案は姿を変えた。当時は地方自治庁に所属していた鈴木俊一氏（のちに東京都知事）が、30ページにわたる詳細な法案を作り直し、ＧＨＱに突き返したからだ。
結局、協議の結果、ＧＨＱは日本側に法案起草を委ねることになり、現在の姿の地方公務員法が成立することになった。「真の地方自治」が阻まれてきた淵源はこの当時にあった。

鈴木案の地方公務員法が制定された2年後、地方自治庁は拡大して「自治庁」になり、さらに１９６０年には「自治省」に昇格する。

ＧＨＱは、地方自治を担当する部局を国に設けることには否定的だった。米国にはそんな役所はないし、「真の地方自治」が実現されれば、そんな役所は不要なはずだからだ。結局、日本では、自治体を一人前扱いせず、国が地方を統制する枠組みが復権していった。

官選知事から公選知事になった点は、戦前からの変化だった。だが、これも実態をみれば、そんなに大きな変化ではなかった。副知事や部局長など自治体の幹部ポストは、今も国からの出向者が多くを占めている。

旧自治官僚の標準的なキャリアパスは、国と自治体を行き来する。若手のうちに自治体勤務を経験し、本省課長補佐クラスで県財政課長に出向し、本省課長クラス以上で県部長、副知事などになる。さらに、そこから選挙に担がれ、知事に就任するケースも多い。

内実は内務省時代とさして変わっていない。

振り返れば、「地方分権」が本気で進められていた２０００年頃は大きな分岐点だった。さらに前進して「真の地方自治」に向かう道筋もあった。

しかし、その後の「地方分権」は停滞した。

猪瀬直樹氏が２０００年代の地方分権改革の様子を記した『霞が関「解体」戦争』の文庫版補遺（文庫版は２０１１年2月）では、「権限、財源を自治体に移していけば、十年後には霞が関は半分になりますよ、きっと」との猪瀬氏の言葉が記されている。残念ながら、その後、そんなことは起きなかった。

停滞の大きな要因が、「自治省」を総務省といううわべのもとに温存したことだった。これからも自治体を一人前扱いはしない、というのが省庁再編の帰結だったのだ。

2 地方自治の逆噴射と自治体DXの停滞

地方独自の「書式・様式」や「データ集計」

日本では「真の地方自治」は阻まれてきた。地方自治とはいっても、実際には国の統制が張り巡らされている。自治体が創意工夫して、独自の政策で地域の活性化や住民サービス向上を図ろうとしても、実際にはできないことだらけだ。

そんな現実を前節で述べてきた。加えて、さらに厄介なこともある。抑え込まれた地方自治が逆噴射してしまう現象だ。行き場を失い、間違った方向に噴出してしまうのだ。

一例が、自治体独自の「書式・様式」だ。デザインで独自マークが入っているといったことなら大いに結構なのだが、住民や関係者に不都合をもたらしてしまうケースがある。

例えば、保育所の利用時の就労証明の書式だ。勤め先の会社に出してもらう必要があるが、これが自治体ごとにバラバラだ。保護者にとっては別に問題ではないが、困るのは会社だ。従業員の住む自治体ごとに別の用紙が求められ、記入すべき事項も異なる。人事データはコンピュータ管理されているが、用紙に手書きで書き写さなければならなかったりする。

こんな書式・様式に自治体の独自性を発揮する意味はなく、国で統一したらよさそうなものだ。規制改革推進会議などでも議論してきたが、なかなか改善は進まない。

その一方、自治体が創意工夫したらよいところは、認めてもらえない。例えば大阪市は、かつて「准保育士」の創設を検討した。保育士の資格は持っていないが、子育て経験の豊富な人たちを「准保育士」として保育所で活用できないかとのプランだった。だが、こうした話は厚生労働省が頑として受け付けない。

住民サービス向上のための創意工夫は、国で統制して認めない。書式・様式は地方自治を尊重する。本来は逆だろう。

「データ集計」が自治体ごとにバラバラな基準でなされているとの問題もある。これはコロナ禍でも露呈した。厚生労働省は、都道府県ごとに感染者数、検査数、確保病床数などさまざまなデータを出してきたが、実は自治体ごとに集計手法がバラバラなケースがあった。例えば検査数のデータは初期には、「検査人数」か「検査件数」か、まちまちなままに一覧表が公開されていた。

最近では、「重症者」の定義の違いが問題になった。東京都の「重症者病床の利用率が86％」との衝撃的な数値が２０２１年2月に公表されたが、その後30％程度に修正された。

これは「重症者」の定義の違いから生じた混乱だった。国や多くの自治体では、「重症者」の定義を「ＩＣＵなどで管理が必要な患者」または「人工呼吸器などによる管理が必要な患者」としている。つまり、どちらかを充たせば「重症者」に該当する。

ところが、東京都は独自の定義を使っていて、「人工呼吸器などによる管理が必要な患者」だけとしていた。つまり、ＩＣＵに入っているが人工呼吸器は使っていない患者は、東京都では「重症者」に該当しない。

当初公表された「86％」は、分母は都基準の狭い定義、分子は国基準の広い定義で計算してしまい、実態とかけ離れた異常な数値を出してしまったものだった。

異なる定義の数値を割り算したのは論外だが、ともかく、データは統一しなければ意味がない。逆に、対策の細目は自治体にもっと委ねたらよいはずだが、こちらは国の統制が強すぎる。

古来の国家統治も、度量衡の統一を基礎とした。現在の日本政府は、土地や収穫量を測る単位は地方で勝手に決めさせて、一方、年貢の取り立て手法には事細かに中央で指示しているようなものだ。統一すべきことと現場に任せるべきことが、ここでも倒錯してしまっている。

個人情報法制2000個問題

「個人情報法制2000個問題」も以前から指摘されてきた。

個人情報に関する法制は、国・都道府県・市町村ごとにバラバラだ。「個人情報保護法」という法律があるが、規律対象は民間事業者の保有する個人情報だけだ。

国の行政機関や独立行政法人の保有する個人情報は「行政機関個人情報保護法」「独法等個人情報保護法」。さらに自治体の保有する個人情報は、それぞれの自治体の条例で定められる。合計すると約2000個、というわけだ。

例えば、近隣に国立病院、県立病院、市立病院、民間病院がある場合、個人情報の取扱いについて、国立病院は「独法等個人情報保護法」、県立病院は「A県個人情報保護条例」、市立病院は「B市個人情報保護条例」、民間病院は「個人情報保護法」で規律される。

それぞれの法制で大枠は一定程度共通しているものの、違う点も多い。「個人情報」の定義からして微妙に異なる場合がある。例えば、死亡した人の情報を「個人情報」に含むかどうかなど、条例によって異なる。

個人情報の外部提供などの要件も、条例によって、「法令に基づく場合」だけとされる

個人情報保護の法体系

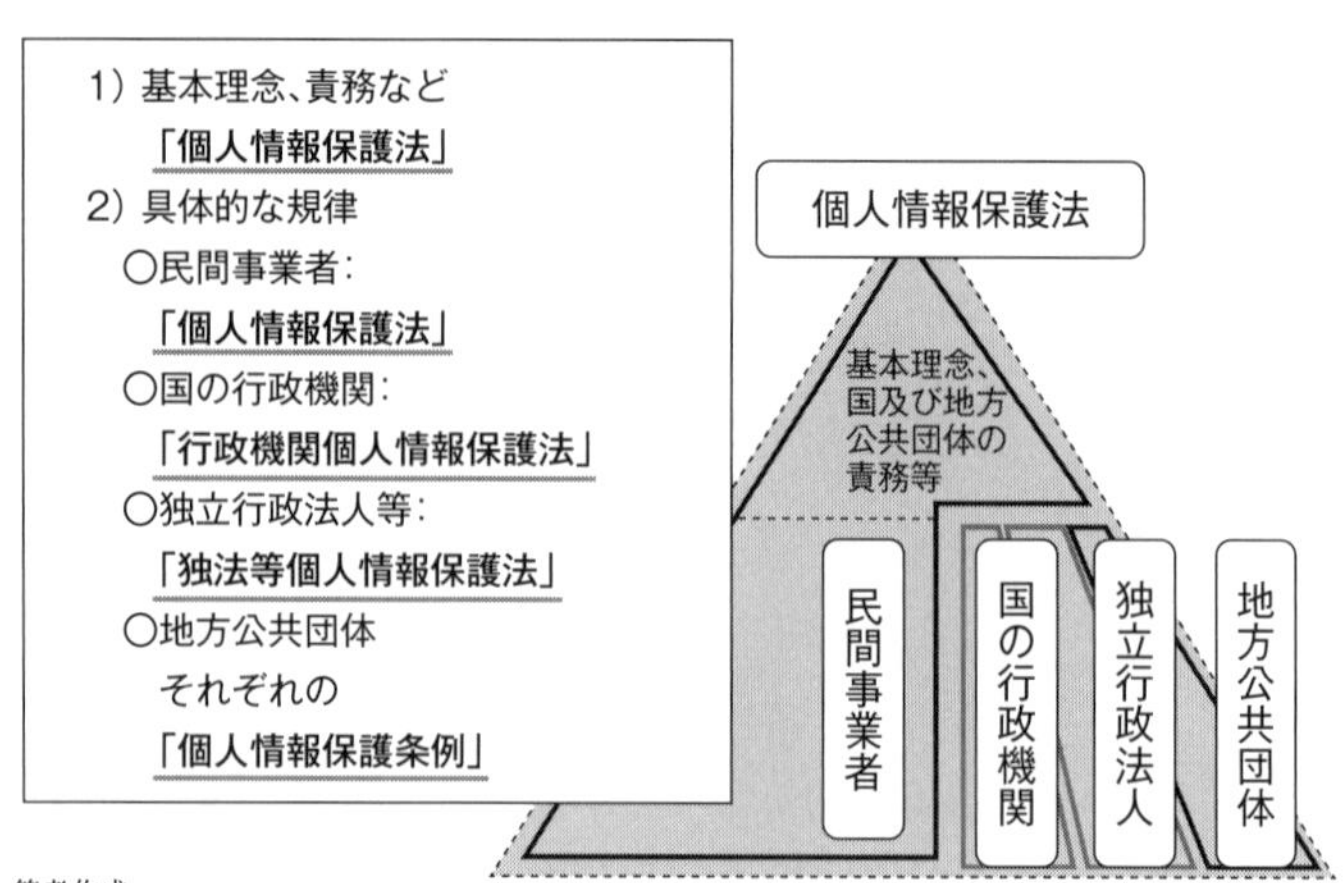

筆者作成

例もあれば、「自治体の個人情報審査会に諮問して了解が得られた場合」なども認める例もある。多くの条例では「オンライン結合」が厳しく制限され、保有データをオンラインでつなぐ場合、各条例でそれぞれ個人情報審査会などの手続も定められている。

オンラインでのデータ共有は、セキュリティや匿名性を前提に、今やさまざまな分野で当たり前になされている。ところが、日本では、国・自治体・民間をまたがったデータ共有はおよそ不可能な状態が続いていた。

ここでもコロナ禍で問題は露呈する。2020年春の最初の緊急事態宣言の際、感染者情報の訂正・混乱が各地で頻発した。

例えば東京都は2020年5月、「111人の報告漏れと35人の重複計上」（5月11日）、「58人の報告漏れと11人の重複計上」（5月21

総務省の回答：「地方公共団体の自主性・自立性を尊重」

個人情報保護基本法制に関する大綱（平成12年10月11日・情報通信技術（IT）戦略本部個人情報保護法制化専門委員会）（抜粋）

5．地方公共団体の措置

(1)地方公共団体の保有する個人情報に関する施策

地方公共団体は、本基本法制の趣旨にのっとり、その保有する個人情報に関し、個人情報の適正な取扱いを確保するため必要な施策を策定し、これを実施するよう努めなければならないものとすること。

地方公共団体が保有する個人情報については、その自主性・自律性を尊重して、本基本法制の趣旨にのっとった自主的な取組が促進される必要がある。

本基本法制の趣旨にのっとり、条例が整備されていない地方公共団体においては速やかにその制定に努めるとともに、既に制定済みの地方公共団体においても、一層の充実を図る観点から現行条例の必要な見直しに努める必要がある。

➡ 平成15年に成立した個人情報保護法では、地方公共団体については条例により規律することとされた。

- 地方公共団体は、この法律の趣旨にのっとり、その地方公共団体の区域の特性に応じて、個人情報の適正な取扱いを確保するために必要な施策を策定し、及びこれを実施する責務を有する。（同法第5条）
- 地方公共団体は、その保有する個人情報の性質、当該個人情報を保有する目的等を勘案し、その保有する個人情報の適正な取扱いが確保されるよう必要な措置を講ずることに努めなければならない。（同法第11条第1項）

出典：規制改革推進会議での総務省提出資料（2016年11月）

日）を公表した。こんなことが起きたのは、医療機関から保健所・自治体への報告の多くが、手書きのＦＡＸでなされていたためだ。根源は２０００個問題だった。

以前から問題はわかっていて、規制改革推進会議でも２０１６年以降、「立法措置で統一すべきでないか」と何度も問題提起してきた。これに対し旧自治官僚たちの答えはずっと、「地方自治を尊重する必要がある」だった。

自治体との関係での事情はあった。国が行政機関個人情報保護法を制定したのは１９８８年だが、先進的な自治体が先行して条例を制定していた（１９８４年福岡県春日市、１９８５年川崎市で個人情報保護条例）。当初から尊重せざるをえない経緯だった。

しかし、１９８０年代と現代では状況が全

く変わった。インターネット以前の時代の経緯を引きずっているわけにいかないのは、自明のことだった。

コロナ禍で顕在化し、政府もさすがにまずいと動いた。平将明・ＩＴ担当副大臣（当時）らを中心に、国でシステムを緊急整備し（「新型コロナウイルス感染者等情報把握・管理支援システム」）、２０００個問題も２０２１年通常国会で解決されることになった。だが、本当はもっと早く旧自治省が対応しておくべき課題だった。

自治体ＤＸの停滞、GovTechの未来

コロナ禍では、ほかにもさまざまな問題が噴出した。１人10万円の特別定額給付金を巡る対応も混乱を極めた。国はマイナポータルを使ったオンライン申請を用意したが、多くの自治体で運用が難航した。自治体でマイナンバーを使った処理はできず、紙で印刷して手作業で確認するなど、膨大な事務作業が生じた。マイナンバーのパスワードを忘れた人たちが自治体の窓口に列をなす事態も生じ、オンライン申請を停止する自治体が続出した。

本来こんなことは、マイナンバーを利用し、登録された銀行口座に振り込めるようにしておけば、手作業など必要なく簡単に処理できたはずだった。しかし、マイナンバーは法

律上、社会保障・税・災害対策の３分野でしか情報連携に活用できないことになっていた。つまり給付のためには使えない。だから膨大な作業を強いられることになった。

番号制度は、本当はもっとはるか以前に整備できていたはずだった。マイナンバー制度の前に、「住基ネット」（住民基本台帳ネットワークシステム）という制度があって２００２年から稼働していたが、カードはほとんど普及しないままに終了した。

運用を担ったのは、自治省所管の「地方自治情報センター」だ（現在は「地方公共団体情報システム機構」。略称Ｊ－ＬＩＳ）。ＩＴゼネコンに多額の開発費を投入したが、成果はあげられなかった。ここでも「地方自治の尊重」の建前から、住基ネットへの接続がなかなか進まない問題もあった。

自治体のＤＸ（デジタルトランスフォーメーション）も停滞してきた。

２０１５年の日本年金機構の情報漏洩事件以降、自治体の情報システムでは「三層分離」が講じられてきた。マイナンバー利用事務系、ＬＧＷＡＮ系（自治体の行政ネットワーク）、インターネット接続系の三層に分けて、基本的にインターネットから遮断が求められていた。２０２０年からようやく見直されつつあるが、そもそもＤＸ以前の段階だった。

この結果、民間では急速に進むクラウド化に完全に乗り遅れてきた。国と自治体のシステムの連携もできていなかった。自治体がそれぞれに独自のシステムを整備してしまうと、ここでもまた「地方自治の尊重」が生じ、それぞれに独立して連携できないシステムができあがっていった。

ここにきてようやく、「デジタル庁」の創設、マイナンバー制度の利用拡大、自治体クラウドの推進など、対応は進みつつある。

しかし、旧自治省の対応はあまりに遅かった。DXを推進できる人材が乏しかったことに加え、DXのできない自治体にあわせて対策をとってしまう問題もあった。第4章で述べた放送行政の護送船団方式は、自治行政にも残されていた。

旧自治省による自治体DXが停滞する間、GovTechの旗を振って先進自治体の注目を集めてきたのは実は経済産業省だ。政府はデジタル基盤を整備し、APIを開放してデータ連携を可能にし、そのうえで民間事業者がサービスを提供する。

データ活用の可能性を広げれば、これまでのような一律給付・サービスではなく、一人一人の状況・事情に応じたきめ細かな対応も可能になる。元総務大臣補佐官の太田直樹・NewStories代表に薦められた書籍だが、『次世代ガバメント　小さくて大きい政府のつくり方』が指し示すような、新たな政府モデルへの変革もみえてきている。

こうした未来に向けて、旧自治省はまだはるか手前にいる。

3 「国家戦略特区」と養父市の挑戦

特区は「規制改革」「地方分権」の一石二鳥

国家戦略特区は、「加計問題」で有名になった。安倍首相（当時）の友人に利益誘導した仕組みと報じられ、すっかり悪者扱いされた。私は、国家戦略特区の委員をずっと務め、この件にも直接関わっていた。私からみれば全く筋違いな話だ。そもそも獣医学部の新設を一切認めていなかったことのほうがおかしく、合理的な理由はなかった。マスコミ・野党は、前提を取り違えて的外れな疑惑追及を続けていた。

その話はまた6章でする。ここではまず、特区の仕組みを述べておこう。

特区は「国家戦略特区」が最初ではない。日本で最初に設けられたのは、小泉内閣で2002年にスタートした「構造改革特区」だ。これは、「規制改革」と「地方分権」を一石二鳥で推進する、画期的な仕組みだった。

まず自治体から、「国の規制で認められていないが、うちの地域ではやってみたい」という提案を募集する。それで地域限定で規制の特例を認め、やってみる。いわば規制改革の実験をやって、うまくいけばそれを全国に広げる、との仕掛けだ。

もちろん、地域限定でやってみるといっても、それぞれの規制を所管する官庁がうんと言わない限り、特例扱いは認められない。構造改革特区の初期には、亡くなった鴻池祥肇氏という親分肌の政治家が大臣を務め、各省庁と大いに戦った。事務局に各省庁から出向した官僚たちも、意気に感じて出身省庁と大喧嘩し、特例措置を勝ち取った。

例えば学校教育分野では、「学習指導要領の柔軟化」が認められた。ガチガチの指導要領を乗り越え、すべての授業を英語でやるなど思い切った教育をやってみることが認められた。

農業分野では、「企業の農業参入」が認められた。企業の農業参入は、農水省や農業関係者が強く反対する岩盤中の岩盤規制で、今も「企業の農地所有」は認められていない。かつては「企業の農地リース」も不可だったが、リース方式について構造改革特区で穴をあけた。やってみたら地域の農業にとってもプラスとわかり、その後、規制改革が全国展開された。

こうして初期には大きな成果があったが、鴻池大臣や初期の事務局員らが去り、徐々に推進力は低下していった。

その後、民主党政権では、モデルチェンジして「総合特区」が設けられた。規制改革だけでなく、予算・税の特例措置も設けられる仕組みだった。だが、国から支援を勝ち取るほうに目が向いて、「規制改革」「地方分権」の面は薄れてしまい、成果はあまり大きくなかった。

「企業の農地所有」への挑戦

第二次安倍政権になって、二度目のモデルチェンジで、「国家戦略特区」が設けられた。私は制度設計段階から関わったが、構造改革特区の成功と失敗を踏まえ、岩盤規制にさらに穴をあける仕組みづくりを考えた。

まず、「規制改革」「地方分権」の一石二鳥方式は、成功をもたらしていたので、そのまま踏襲することにした。

一方で、改良したのは推進体制だ。構造改革特区は、鴻池大臣や初期の志高き事務局員たちの力に支えられた面が大きかった。こうしたインフォーマルな推進力は、動いている間は強いが、人が代われば失われてしまう。

そこで、推進力をフォーマルな体制で支えるため、首相を議長とする「国家戦略特区諮問会議」、地域ごとに国・自治体・民間で構成する「区域会議」などの枠組みを設けた。

国家戦略特区の概要

関西圏
(大阪府、兵庫県、京都府)
医療等イノベーション拠点、チャレンジ人材支援

事項数 24
事業数 48

- 保険外併用療養に関する特例
- 病床規制の緩和
- iPS細胞からの試験用細胞製造の解禁
- 革新的な医療機器、医薬品の開発迅速化
- 可搬型PET装置による撮影
- 地域限定保育士
- 農業分野及び家事支援分野での外国人受入
- 古民家ホテル
- 特区民泊
- 地下水採取 他

新潟市
大規模農業の改革拠点

事項数 12
事業数 23

- 特例農業法人の設立
- 農家レストラン
- 農業への信用保証制度の適用
- 特区民泊
- 農業分野での外国人受入 他

仙北市
「農林・医療の交流」のための改革拠点

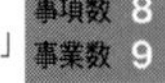

- 国有林野の活用促進
- 迅速な実験試験局免許手続き
- 「着地型旅行商品」の企画・提供促進 他

仙台市
「女性活躍・社会起業」のための改革拠点

- NPO法人設立手続きの迅速化
- 都市公園内保育所
- 一般社団等への信用保証制度の適用
- 革新的な医薬品の開発迅速化
- エンジェル税制 他

養父市
中山間地農業の改革拠点

事項数 10
事業数 25

- 農地の権利移転の円滑化
- 企業による農地取得
- 農業への信用保証制度の適用
- 自家用車による有償旅客運送
- 遠隔服薬指導 他

東京圏
(東京都、神奈川県、千葉県千葉市、成田市)
国際ビジネス、イノベーションの拠点

- 都市計画法等に係る手続きのワンストップ化
- エリアマネジメント
- 東京開業ワンストップセンター
- 東京テレワーク推進センター
- 近未来技術実証ワンストップセンター
- 外国医師の業務解禁
- 地域限定保育士
- 特区民泊
- 都市公園内保育所
- 医学部の新設
- 農家レストラン
- 家事支援分野での外国人材の受入
- 高度人材ポイント制度に係る特別加算
- 障害者雇用に係る雇用率算定の特例 他

福岡市・北九州市
創業のための雇用改革拠点

事項数 25
事業数 64

- スタートアップビザ
- スタートアップ法人減税
- 雇用労働相談センター
- 航空法高さ制限の緩和
- 空港アクセスバス
- ユニット型指定介護
- シニア・ハローワーク
- 遠隔服薬指導
- 特区民泊 他

沖縄県
国際観光拠点

事項数 7
事業数 9

- 農業分野での外国人受入
- 農家レストラン
- 地域限定保育士 他

愛知県
「産業の担い手育成」のための教育・雇用・農業等の総合改革拠点

- 有料道路コンセッション
- 公設民営学校
- 自動走行実証ワンストップセンター
- 農業分野及び家事支援分野での外国人受入
- 遠隔服薬指導
- 保安林解除 他

広島県・今治市
観光・教育・創業などの国際交流・ビックデータ活用特区

事項数 12
事業数 19

- 「道の駅」民営化
- 獣医学部の新設
- 雇用労働相談センター
- 迅速な実験試験局免許手続き 他

※各区域の代表的な活用事項を掲載

出典:内閣府HP

大臣が代わっても政権が代わっても、首相が「規制改革」「地方分権」を進めようとする限りは、改革が動く仕掛けにした。

２０１３年に国家戦略特区法が制定され、その後、この枠組みを使ってさまざまな規制改革が実現した。例えば東京ではここ数年、大手町、日本橋、虎ノ門、品川、池袋など各地で大規模開発が進んだ。これらは国家戦略特区の特例を活用した開発プロジェクトだ。

都市圏だけでなく、地方でも成果があがった。最大の成功例が兵庫県養父市だ。

養父市は、兵庫県の中山間地に位置し、面積４２２平方キロメートル、人口２万３０００人。過疎地の小さな自治体だが、「東京圏」（東京都、神奈川県、千葉市、成田市）、「関西圏」（大阪府、兵庫県、京都府）などと並んで、10か所の国家戦略特区の１つとなり、大きな成果をあげてきた。地域型ライドシェア、医薬品の遠隔販売など、過疎地だからこその切実な課題解決のため、大胆なチャレンジを実現した。

中でも最大のチャレンジが「企業の農地所有」だった。

「企業の農地リース」は構造改革特区で穴が開いたが、「企業の農地所有」は引き続き、岩盤規制の最難題として維持されていた。議論は長年なされていたが、農水省や農業関係者が強く反対し続けた。

いつも出てくる反論は、「企業は儲け優先だから、うまくいかなければ、すぐ耕作放棄や産業廃棄物置き場にしてしまう。農地所有を許すわけにはいかない」ということだっ

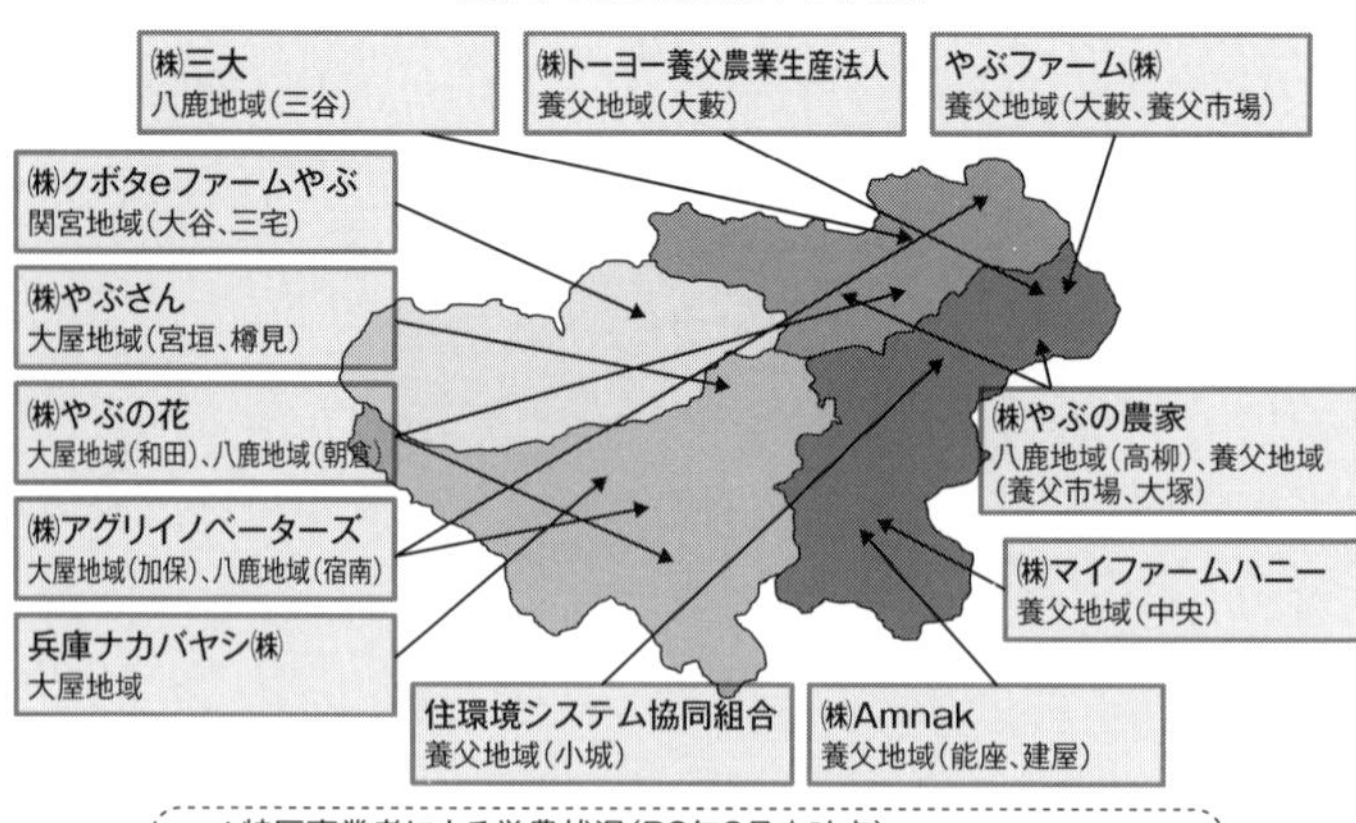

出典：養父市資料

た。これに対し、規制改革側はいつも、「これまで個人農家にだけ農地所有を認めてきて、耕作放棄が広がったのでしょう」と言っていた。

「企業は儲け優先だから……」という企業性悪説は、農業に限らずいろいろな分野で出てくるが、おかしな話だ。「営利企業だからこそ、購入したら耕作放棄などせず、大事に利用するはず」と考えるのが普通だろう。

といった議論をずっとやってきたが、とにかく岩盤で動かなかった。そこに挑戦してきたのが、養父市の広瀬栄市長だ。「企業や地域外の人たちにも協力してもらわなければ、もはや地域の農業が立ち行かない」との強い危機感から、決意をもって要望を続けた。

反論を封じるため、「万一耕作放棄などが起きたら市が買い戻す」との知恵も出した。

養父市での「企業による農地取得の特例」の活用

特例を活用した企業の農地所得面積　合計約1.64ha　R2年4月末時点

㈱Amnak　酒米の生産

H28.11
65aを取得

生産から収穫、精米までを一元管理するため、ライスセンターを整備。
収穫した酒米の一部を地域の酒蔵と連携（OEM）し、日本酒「能座ほまれ」を製造・販売。台湾等への輸出を開始。

兵庫ナカバヤシ㈱　ニンニクの生産

H28.11
31aを取得

製本業の閑散期における業務の平準化を図るため、農業分野へ進出し、地域の雇用と農地を守る。
にんにく生産の規模拡大。
にんにくの保存・乾燥施設や加工施設を整備。

㈱やぶの花　りんどう・小菊等の生産

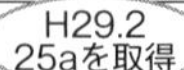

不在地主の売り手ニーズを踏まえ、農地を取得。耕作放棄地等を再生しながら、中山間地で本格的な花卉栽培に取り組むため、通年栽培が可能な園芸施設を整備。
企業・農家への栽培指導の強化と集出荷施設の整備。

住環境システム協同組合　小規模水耕栽培によるレタス等の共同生産販売実証拠点

H29.3
13aを取得

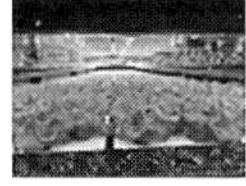

小規模閉鎖型屋内野菜生産場（植物工場キット）を設置。
実証拠点施設により生産の安定化と販路を開拓。
植物工場キットを市内企業や農家等へ普及し、同組合が集出荷するビジネスモデルの構築を目指す。

㈱マイファームハニー　蜜源作物栽培養蜂事業

関連会社の出資によるシナジー効果の創出。
養蜂事業の拠点確保。
養蜂に携わる人材育成。

時代に即した養蚕業のモデル構築。
蚕の飼育のための施設を整備。
農福連携の推進、雇用の確保。

出典：養父市資料

そうして2016年、ようやく国家戦略特区で特例が認められることになった。

養父市で実際にやってみたら、大成功だった。さまざまな企業が養父市の農業に参入した。例えば、年間の繁閑差の大きい製本業者が閑散期ににんにく栽培を行うなど、新たな形で企業との協力モデルが生まれた。耕作放棄地は再生された。地元の若者などの雇用創出にもつながった。

「養父は失敗」報道の真相

ところが、ここから混乱に陥る。やってみてうまくいけば全国展開……というのが特区の流れのはずだった。だが、そう簡単には進まなかったのだ。

2020年12月の国家戦略特区諮問会議では、民間議員らが「全国展開」を求めたのに対し、農水省は「全国展開せず、養父限定で継続」を主張した。そこに河野太郎・規制改革担当大臣も参戦して「成果を上げているなら全国展開がルール」「全国展開しないのはおかしい」と発言し、議論は紛糾した。結局、菅首相が「私が預からせてもらう」と発言して場を収めることになった。

首相官邸の会議で、通常こんなことは起きない。結論は先に決めてあって、予定調和で発言するのが普通の会議運営だ。ここまでガチンコの議論がなされ、しかも結論が出ずに終わったのは、異例のことだった。

そして、2021年1月になって、当面は全国展開せず、「1年間調査・検討」と決まった。結局、結論は出ず、さらに延長戦になったわけだ。

なぜこんなことになったかというと、「企業の農地所有」は、農水省にとって何としても潰したい案件だったからだ。

たしかに養父市の農業は活性化したかもしれない。しかし、この方式が日本中に広がれば、伝統的な農協のビジネスモデルを直撃する。伝統的に農協は、個人農家に農業機械や肥料などを独占的に高い価格で提供して成り立ってきた。農地所有が認められて企業が本格参入すれば、そんなことができなくなる。

だから、「企業の農地所有」は、何としても潰さなければならなかった。「企業は儲け優先……」云々の屁理屈がずっと唱えられてきた本当の理由はこれだ。

もちろん、そんなビジネスモデルはとっくに限界に達している。モデルチェンジを図っている農協も少なくない。結局、この問題は、日本の農業を守るのか、変革の遅れた農協を守るのか、ということだった。

「企業の農地所有」の全国展開を止めるには、養父が大成功したことは都合が悪い。そこで、「養父は失敗だった」というキャンペーンが展開されることになった。政治家やマスコミ向けに、一斉にそうした説明がなされた。

養父市の規制改革の拡大に向けて

本日の会議では、「企業による農地取得の解禁」と「農業委員会業務の市町村への移管」について、議論が行われるとお聞きしました。ご承知の通り、これら2つは、養父市で初めて実現した岩盤規制改革です。農業委員会改革については、今から6年前、2014年8月に、当時の菅官房長官にわざわざ養父市においで頂き、それをおまとめ頂いたことは、今でも忘れられません。

それ以外にも、養父市が「全国初」となった規制改革は、「遠隔服薬指導」や「自家用有償旅客運送」など、枚挙に暇がありません。一つ一つの改革が大きな成果を挙げ、養父市が特区の中で最も高い評価を受けてきたことは、内閣府が毎年行っている評価でも明らかです。養父市では、企業の新規参入や農地の流動化といった先進的取組を通じ、耕作放棄地の解消、生産額や雇用の増大など、改革の成果がもたらされています。

しかしながら、今回、特に「企業農地取得」について、「順調でなく、進展していない」という全く事実ではないことが、政府与党の関係者に伝わり広まっているという話をお聞きしました。養父市の現場すら全く見ていない人たちが政治家の方々に虚偽説明を行っているとしか考えられず、誠に憤りを禁じ得ません。
また、こうした中で、当方から本日の会議で養父市の成功を直接お伝えしたいと考えたのですが、会議時間の都合上叶いませんでした。事務局の置かれている立場は理解できないこともありませんが、日本農業の将来を考え規制改革に全力を尽くしている養父市長としては、とても残念でなりません。

いずれにせよ、養父市では「企業による農地取得」も「農業委員会改革」も成功しています。そして、これらの事業は、同じ思いを持つ全国の自治体と速やかに共有すべきだと考えています。本日の会議にご出席の皆様にも、是非とも一度、養父市の取組をご視察頂き、その点をご確認頂きたいと存じます。

令和2年12月21日　養父市長　広瀬 栄

朝日新聞記事（2021年1月16日）

相招致求める方針
党、政権の責任も追及

企業の農地取得 2年延長へ
特例措置のニーズ 全国調査

慰安婦判決「対抗措置を」
自民外交部会が決議文案

異例なことだが、２０２０年12月の特区諮問会議では、養父市長から抗議文書が提出・公開されている。農水官僚たちが政治家に「虚偽説明」を行っていることに「憤りを禁じ得ない」との文面だった。

マスコミでも「養父は失敗」との報道がなされた。朝日新聞は２０２１年１月16日、養父市の特区について以下のように報じた。

・「農水省によると、（特例を活用した農地のうち）実際に農業を営んでいる面積は７％弱にとどまる」

・「農水省幹部は『特例で地域の農業が活性化したとは言えず、取得した後で農地の転売や耕作放棄をするケースもないとは言えない』と話す」

これはデタラメだ。事実は「7％弱」ではなく「99・1％」（残る0・9％も農業再開見込）。「耕作放棄などがあれば市が買い取る」仕組みも用意されていた。

養父市長や国家戦略特区関係者が朝日新聞に抗議文を送り、その後「7％は別の数字でした」という小さな訂正記事が掲載された。しかし、「99・1％」などの事実を正しく伝える訂正記事はいまだ掲載されていない。

記事は要するに「養父は失敗」キャンペーンに応えて掲載されたのだろう。デタラメな誹謗中傷を受けた養父市には、本当に迷惑この上ない話だった。

こうして政官マスコミに阻まれ、養父市の挑戦はいまだに実を結んでいない。

本来は、「企業の農業参入」を認めるかどうかは、自治体が決めたらよいことだ。養父市のように「企業の参入で地域の農業を活性化したい」という地域に対して、農水省が「認めない」とストップをかけ、農業活性化の可能性を閉ざしているのはおかしな話だ。

地域の農業をどうしたらよいかは、地元の自治体が一番よくわかっている。国に規制権限を与えているから、地域の農業より、全国の農協組織の護送船団を優先するようなことが起きてしまう。

農業活性化の道筋は、「企業の農業参入」に限られるわけでもない。例えば新潟や北海道のように、若手農業者による農業ベンチャーの芽が育ちつつある地域では、むしろ「農業ベンチャーの上場」を目指せるようにしてほしいとの声もある。

現行制度では、農業生産法人の出資要件が厳しく、投資家から出資を集め農業ベンチャーを成長させる道が閉ざされているのだ。こうした可能性も拓けるようにしたらよい。「企業の農業参入」か、「農業ベンチャーの上場」か、両方併用するのか。地域の事情に応じて考えればよいことだ。国が一律に統制するのでなく、自治体が自ら決められるようにする。それが「真の地方自治」のはずだ。

ところが、現状は、そこから程遠い。国家戦略特区の実験段階から抜け出すのにさえ、四苦八苦が続く。農林水産省は、自らの権限を手離すつもりなど毛頭ない。旧自治省も、自治体を本当に一人前扱いするつもりはない。国から自治体への抜本的な権限移譲など、およそ視界に入っていない。

「地方自治」が憲法に書き込まれて70数年、国と自治体が対等になったはずの第一次分権改革から20年を経て、これが日本の「地方自治」の現在地だ。

第6章

分断された「行政改革」

1 停滞した「岩盤規制改革」

土光臨調からアベノミクスまで

1980―90年代の「規制緩和」は、行政管理庁や総務庁が担っていた。その後、「改革の細分化」が生じたことを1章で述べた。

少し遡って経過についても述べておこう。「規制緩和」が世界の潮流になったのは1980年代だ。米国のカーター政権で航空自由化が始まり、その後のレーガン政権、英国のサッチャー政権で民営化と規制緩和が推進され、先進各国に広がった。日本では中曽根康弘内閣で三公社民営化が進められた。国営・公営は規制の最たるものだから、民営化と規制緩和は兄弟分のようなものだ。これが今日に至る「規制改革」の原点になった。

初期には世界各国で「規制緩和」(deregulation)と呼ばれ、90年代頃から「規制改革」(regulatory reform)と呼ばれるようになった。これは、規制はただなくせばよいのでな

日本での規制改革の流れ

	経済的分野	社会的分野	民営化
土光臨調 中曽根内閣 ～ （1980年代）	民活と外圧 需給調整廃止	×	国鉄・電電公社
細川内閣 ～ （1990年代）	「原則撤廃」 航空、タクシー、 トラック、通信	「最小限」	
小泉内閣 （2000年代）		重点がシフト 教育、医療、保育 など	郵政、政策金融 市場化テスト
安倍内閣 （2013年以降）	「岩盤規制改革」		コンセッション

く、必要なルールは設け、競争促進を図らねばならないとの考え方に基づいた。

日本での規制改革の歴史は前著『岩盤規制』に書いた。詳しくはそちらをご覧いただけたらと思うが、簡単に触れておくと、

・初期には、「三公社民営化」のほか、「民活」と「外圧」を軸に大店法の規制緩和などが進められた。

・90年代半ばの細川護熙内閣以降は、「経済的規制は原則撤廃、社会的規制は最小限に」を原則に、特に経済的分野での規制緩和が進んだ。運輸、通信などの分野では従来は需給調整や料金規制がなされていたが、90年代後半から2000年代初めにかけて緩和・撤廃された。

・2000年代に入ってからは、小泉純一郎内閣のもとで、郵政・道路公団・政策金融などの民営化、市場化テストなどが前進した。

規制改革の第三者機関の系譜

	設置期間	内閣	議長など
第二次臨時行政調査会	1981.3—1983.3	鈴木、中曽根	会長：土光敏夫・経団連名誉会長
第一次臨時行政改革推進協議会	1983.6—1986.6	中曽根	会長：土光敏夫・経団連名誉会長
第二次臨時行政改革推進協議会	1987.4—1990.4	中曽根、竹下、宇野、海部	会長：大槻文平・日経連会長
第三次臨時行政改革推進協議会	1990.10—1993.10	海部、宮澤	会長：鈴木永二・日経連会長
行政改革委員会／規制緩和小委員会	1994.12—1997.12（1995.4規制緩和小委員会設置）	村山、橋本	会長：飯田庸太郎・三菱重工会長 小委員長：宮崎勇・大和総研理事長ほか
行政改革推進本部／規制緩和（規制改革）委員会	1998.1—2001.3（1999.4「規制緩和」から「規制改革」に名称変更）	橋本、小渕、森	本部長：内閣総理大臣 委員長：宮内義彦・オリックス社長
総合規制改革会議	2001.4—2004.3	森、小泉	議長：宮内義彦・オリックス会長
規制改革・民間開放推進会議	2004.4—2007.1	小泉、安倍	議長：宮内義彦・オリックス会長 →草刈隆郎日本郵船会長
規制改革会議	2007.1—2010.3	安倍、福田、麻生、鳩山	議長：草刈隆郎・日本郵船会長
行政刷新会議／規制・制度改革委員会	2009.9—2012.12（2010.3規制・制度改革委員会設置）	鳩山、菅、野田	議長：内閣総理大臣 委員長：岡素之・住友商事相談役
規制改革会議	2013.1—2016.7	安倍	議長：岡素之・住友商事相談役
規制改革推進会議	2016.9—2019.7	安倍	議長：大田弘子・政策研究大学院大学教授
規制改革推進会議	2019.10—	安倍、菅	議長：小林喜光・三菱ケミカル会長

注：議長らの役職は就任時

だが、2000年代後半以降になると、規制改革の動きは鈍る。経済的分野の改革はかなり前進し、重点課題が教育、医療、農業などの難しい領域にシフトした事情もあった。

加えて、「行政改革」から「規制改革」が切り離され独立したこととの関係も見逃せない。かつての土光臨調のような強力な「行政改革」（広義）の仕組みがなくなり、時の政権の方針や政治情勢次第でほとんど動かない時期も生じるようになった。第1章で述べた「改革の細分化」は、徐々に大きく響いていった。

「岩盤規制」という言葉は、この頃から使われ始める。岩盤のように堅く、いくら叩いても壊れない。こんな規制はおかしいと議論されながら、長年そのままになってきた。代表例が、前章で述べた「企業の農地所有」だ。

安倍内閣では、アベノミクス第三の矢（成長戦略）の一丁目一番地として、「岩盤規制改革」に取り組んだ。２０１４年のダボス会議では自ら「これから2年間で、ドリルですべての岩盤規制を砕く」と表明した。しかし、7年に及ぶ長期政権だったにもかかわらず、「すべて砕く」とは程遠い状態で終わった。

もちろん成果が何も無かったわけではない。農協制度は60年ぶり、漁業制度は70年ぶりの大改革がなされた。国家戦略特区では、37年ぶりの医学部新設、52年ぶりの獣医学部新設もなされた。国家戦略特区の都市計画手続の特例を活用し、東京都内では30か所以上の再開発プロジェクトが進んだ。

しかし、多くの分野は動かなかった。特に、世界で急速に進むデジタル変革への対応は出遅れた。オンライン診療やオンライン教育は、部分的に前進しつつも、厚い壁をなかなか突破できなかった。

そうこうするうち、コロナ禍で図らずも改革の遅れが露呈した。「企業の農地所有」などの長年の課題は、多くが結局積み残しになった。この10年で世界中に広がった「ライド

規制改革：安倍政権での主な成果（2013～2020年）

	全国での改革	国家戦略特区での改革	残された主な課題
農林水産	●農協改革など【2015年法改正】 ●生乳・乳製品取引等改革【2016年度から】 ●漁業権見直しなど【2018年法改正】	●農業委員会事務の特例【2013年制定】 ●企業の農地所有【2016年法改正】	☆企業の農業参入 ☆減反見直し ☆農地転用の合理化
医療	●医薬品ネット販売一部解禁【2014年法改正】 ●患者申出療養の創設【2016年法改正】 ●オンライン診療の診療報酬化【2018年診療報酬改定】 ●医薬分業見直し【2019年法改正等】 ●オンライン服薬指導【2019年法改正】 △オンライン診療・服薬指導緩和拡大【2020年コロナ特例】	●オンライン服薬指導【2016年法改正】 ●医療機器・医薬品開発迅速化【2016・2017年法改正等】	☆遠隔・AI診療の本格推進 ☆医療データ活用
教育	●高校の遠隔教育解禁【2015年省令改正】 △義務教育を含む遠隔教育解禁【2020年コロナ特例】	●公設民営学校【2015年法改正】 ●医学部新設【2015年告示】 ●獣医学部新設【2017年告示】	☆デジタル教育の本格推進 ☆教員免許
保育・介護	●社会福祉法人ガバナンス強化【2016年法改正】 ●保育の配置基準の一部緩和【2016年緊急対策】 ●企業主導型保育【2016年開始】 ●育児休業の柔軟化【2017年法改正等】	●公園内保育所【2015年法改正】 ●地域限定保育士【2015年法改正】	☆保育・介護の質の向上、基準緩和／分権
エネルギー	●電力自由化【2013・2014・2015・2020年法改正】 ●ガス自由化【2016年法改正】		☆電力市場の競争促進

	全国での改革	国家戦略特区での改革	残された主な課題
電波、通信・放送	●経済的価値に基づく電波割当制度【2019年法改正】 ●通信·端末料金の分離【2019年法改正】 ●NHK同時配信【2020年開始】		☆電波帯域の有効活用 ☆放送の競争促進
都市計画・不動産		●都市計画手続の迅速・円滑化【2013年制定】	☆中古不動産流通など
金融	●総合取引所【2020年創設】 ●資金移動業拡大、仲介業創設【2020年法改正】		☆フィンテック、規制体系見直し
交通	●自動走行【2019年法改正】		☆新型モビリティ、貨客混載など
シェアリングエコノミー	●民泊新法【2017年制定】	●特区民泊【2013年制定】 ●過疎地の自家用有償【2016年法改正】	☆ライドシェア
データ活用	●ビッグデータ活用（匿名・仮名加工情報等）【2015・2016・2020年法改正】		☆国・自治体・民間にまたがる個人データの本格活用
行政手続	●マイナンバー【2013年制定】 ○行政手続コスト2割削減、地方自治体の書式・様式統一【2017・2018年決定】 ○デジタル手続法【2019年法制定】（9割電子化へ）		☆マイナンバーの本格活用 ☆手続全般のデジタル化
外国人	●建設分野【2015年告示】 ●介護分野【2016年法改正】 ●「特定技能」【2018年法改正】	●家事支援分野【2015年法改正】 ●農業分野【2017年法改正】 ●クールジャパン・インバウンド分野【2017年法改正】	☆外国人政策の確立
労働	●高度プロフェッショナル【2018年法改正】	●雇用ルール明確化【2013年措置】	☆労働市場の流動性 ☆労働時間規制

シェア」は解禁されずに終わった。

「岩盤規制」が経済成長を阻む

「岩盤規制」は、「オンラインで診療を受けられない」といった生活上の不便をもたらすだけではない。経済社会全体で生産性の低迷をもたらしてきた。

日本の１人当たりＧＤＰは、ＯＥＣＤ加盟37か国中21位（２０１９年、購買力平価ベース）。米国やドイツには遠く及ばず、ＯＥＣＤ平均よりも低い。２０１２年以降の安倍政権で、株価は大幅に上がったが、１人当たりＧＤＰの順位は上がらなかった。むしろ主要先進国との差は広がった。

大きな要因は、デジタル変革の遅れをはじめ、古い仕組みの維持、イノベーションの欠如だ。そして、古い仕組みを温存してきたのが「岩盤規制」だ。だから、成長戦略の一丁目一番地は「岩盤規制改革」でなければならなかった。

古い仕組みが随所に残る代表的分野が、すでに述べた「情報通信」の分野だ。限られた電波の帯域を有効利用し、未来の成長産業にスペースをあけるためには、電波帯域の再開発が不可欠だ。安倍政権下でこうした議論もなされ、部分的には前進もしたが、多くの課題は積み残された。

前掲の表では、主要分野の岩盤規制をあげた。実はこれ以外に、細々した分野の規制が膨大にある。例えば「クリーニングの無人ロッカー」がその一例だ。コロナ対応で「非接触」への転換が諸分野で進む中、クリーニングでも、ロッカーで洗濯物の受け渡しを行う無人店舗があってよさそうなものだ。

ところが、厚生労働省の通達では、洗濯物の受け渡しはカウンターで対面でなされる必要があり、無人ロッカーは不可とされる。衛生管理ならばロッカーでも徹底可能なので、理屈はよくわからない。しかも、マンションの宅配ボックスを利用した「ネット宅配クリーニング」は規制対象外で野放しにされているのだから、厚労省の対応はおよそ筋が通らない。

こんなことが起きるのは、無人ロッカーの設備投資ができるのは比較的大手の事業者で、資力の乏しい零細クリーニング店にとって解禁が好ましくないためだ。零細クリーニング店は政治力はあるので、無意味な規制維持を政治・行政に強力に求め、これがまかり通っているのが現実だ。

こうした、1つ1つは小さな、不合理な規制が積み重なり、日本のそこら中でイノベーションを阻み、日本経済の生産性を低迷させてきた。

「新・利権トライアングル」

「安倍一強」とも言われた強力な長期政権で、岩盤規制改革はなぜ進まなかったのか？答えは、前掲の表に隠されている。実現時期をみると、大きな改革はだいたい政権前半になされた。特に国家戦略特区での規制改革は２０１７年でぱったりと止まった。２０１７年通常国会で「加計問題」の疑惑追及がスタートして以降だ。「首相の友人への利益誘導」、「首相への忖度で規制改革」などと、国家戦略特区での獣医学部新設を巡って、マスコミや国会での追及が長く続いた。

当事者だった私からすれば、全く的外れな話だった。これも詳しくは『岩盤規制』に書いたが、そもそも、大学・学部の新設抑制の撤廃は、２００２年に閣議決定されて決着済みの話だった。ところが獣医学部に関しては、合理的な理由なく、新設の申請が一切禁止されてきた。獣医師会と文科省の強い抵抗があって長年止まっていた。

これをようやくこじあけて、申請できるようにした。申請内容が十分妥当かどうかは、文科省が審査する。したがって、首相や特区関係者には、どうやっても「利益誘導」できる余地がなかった。

問題は、申請できるのが「一校限定」だった点だが、これは、獣医師会と文科省が「一

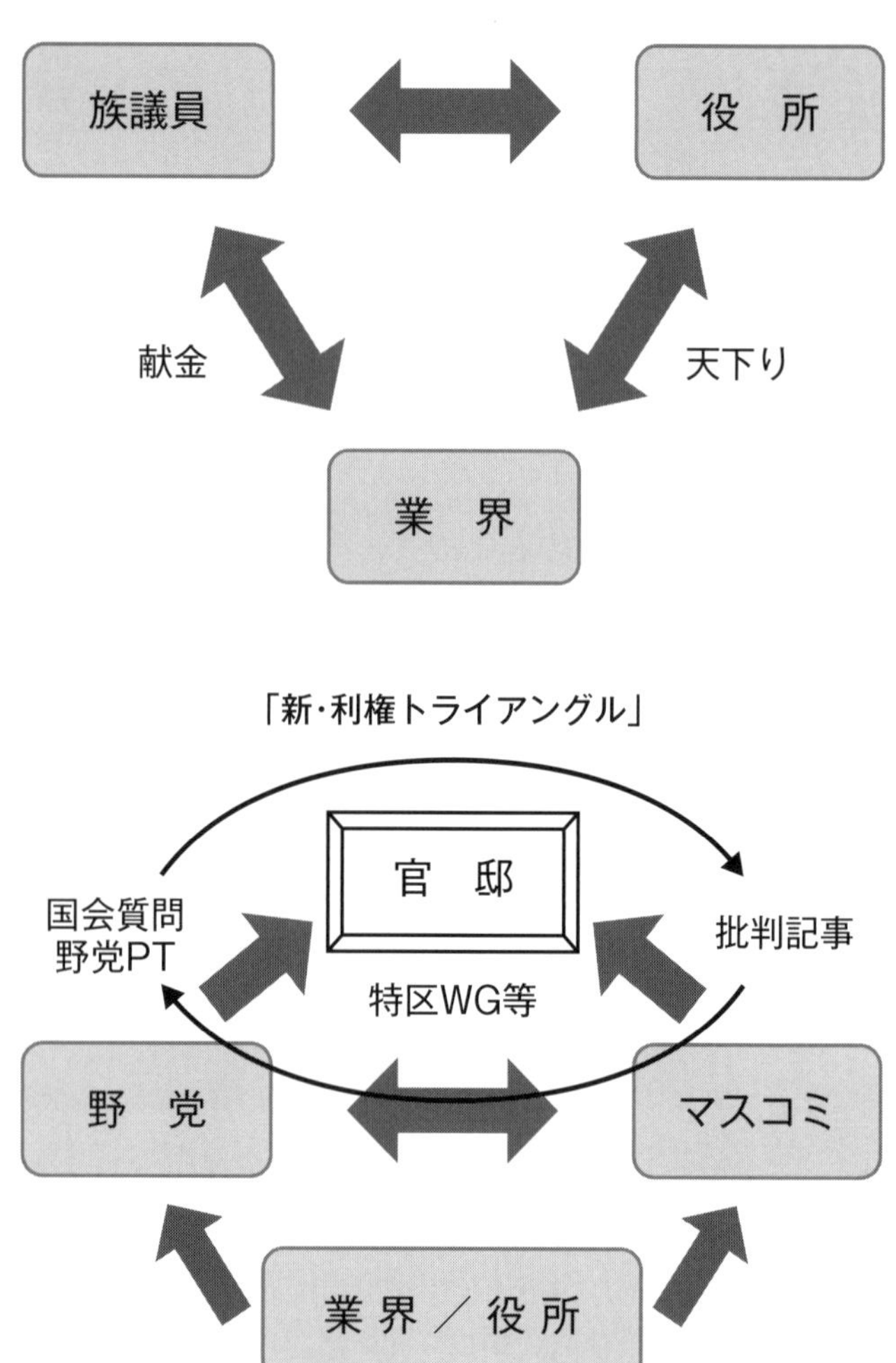
岩盤利権の「鉄のトライアングル」
族議員
役 所
献金
天下り
業 界
「新・利権トライアングル」
官 邸
国会質問
野党PT
批判記事
特区WG等
野 党
マスコミ
業界／役所

校限定」を強く求めた結果だった。マスコミ・野党は「一校限定はおかしい」と批判すればよいものを、「解禁は利益誘導だ」と的外れな追及を続けた。追及が続くうちに、特区事務局などの関係者は「またあらぬ疑惑追及を受けたら堪らない」と、新たな規制改革に及び腰になってしまった。

これが、安倍政権後半の岩盤規制改革を止めた壁の正体だ。マスコミと野党議員の背後には、規制改革を止めて利権を守りたい役所と業界がいた。マスコミと野党議員は、事実かどうかにかかわりなく、

・国会で疑惑追及したらマスコミで報道、
・マスコミで疑惑を報じればそれを国会で追及、

と無限サイクルで追及を続けられる。そのうち、規制改革は止まる仕掛けだ。

私はこれを、伝統的な「鉄のトライアングル」に代わる「新・利権トライアングル」と呼んでいる。この構造を糺さない限り、どんなに強力な政権でも岩盤規制改革は難しい。

訴訟で明らかになった疑惑追及のデタラメ

「加計問題」に関して、私は以上のような説明を、国会など各所で繰り返していた。おそ

らくそれが、規制改革を止めたい勢力には目障りだったのだろう。２０１９年には、私自身の疑惑もでっちあげられた。

２０１９年6月、毎日新聞が一面トップで、私が特区提案者から金銭提供や会食接待を受けたと報じた。その後も毎日新聞は連日のように関連報道を続け、国会では野党合同ヒアリングが設置された。篠原孝議員はブログで私を激しく批判し、森ゆうこ議員は国会でも追及を繰り返した。

金銭提供も会食設定も、事実は全くない。私は、毎日新聞、森議員、篠原議員を提訴し、係争中だ（篠原議員との訴訟は3月に判決が出たが、篠原議員が控訴した）。

虚偽報道に私が反論すると、毎日新聞や篠原議員らは「金銭提供があったと書いたつもりはない」と言い逃れを始めた。記事の真意は「国家戦略特区の中立性・公平性に関する問題提起」、つまり「特区ＷＧは提案を選定する立場であるにもかかわらず、提案者に助言したこと等が問題」との趣旨だったと居直った。

だが、この「問題提起」も間違いだ。補助金申請とは異なり、特区の提案は「選定」はしない。提案者に助言するのは特区ＷＧ委員の任務だ。私や特区関係者がいくら説明しても、毎日新聞も野党議員たちも聞く耳を持たなかった。

ところが、思わぬ形で決着がついた。篠原孝議員との訴訟の一審判決で、裁判所が政府の公式資料などに基づき、「特区ＷＧが提案を選定する権限があるものとは認められない」

東京地裁判決（抜粋）

具体的には、国家戦略特別区域担当大臣の決定により、同大臣の下に開催される特別WGを通じて行われるが（前記前提事実(2)オ、キ）。その運営要綱（甲9の3）や特区WGのヒアリングに関する運営細則（甲9の4）、首相官邸のウェブサイト上に公開されている国家戦略特別区域に関する広報資料（甲10）をみても、特区WGに規制の特例措置の提案を選定する権限があることは記載されていない。しかも、特区WGが調査、検討した提案は、特区諮問会議の審議や所管大臣の同意、法令等の改正等によって実現されるのであって（前記前提事実(2)カ）、特区WGによる調査、検討を経ただけで、自動的に規制の特例措置が実現するものとはうかがわれない。

これらの点について、原告は、本人尋問において、提案の中には、補助金の要望など特区法における規制の特例措置の創設とは関係のないものが出てくることもあり、こういうものは特区WGにおいては取り上げない。現在出されている公募要領では、誤解を招くとして、「選定」という言葉が削除された旨を供給している（原告本人・調査27～29頁）。

これらの事情を総括すれば、特区WGが規制の特例措置の提案を選定する権限があるものとは認められない。

と判断を下したのだ。

通常、こんなことは訴訟では争えない。「特区制度を誤解している」といっても、それ自体は名誉毀損にあたらないからだ。ところが、今回の事案では、たまたま篠原議員側が、自らの記事が真実だった根拠として「特区ＷＧは選定する立場」と主張していて、裁判所がこの点も判断を下した。

おかげで、これまでのマスコミ・野党の疑惑追及が根底から間違いだったことが明らかになってしまった。制度の基本的な誤解に基づく空想の産物だったわけだ。

これは、篠原議員以上に、毎日新聞にとって衝撃的な判決だと思う。毎日新聞は2019年6月上旬から1か月の間、私の疑惑に関する大キャンペーンを展開した。1面掲載が7日、それ以外も含め11回の記事掲載があった。一貫して「特区WGは提案を選定する立場」というのが大前提だった。

・最初の記事だった6月11日の1面リード文では、「原氏は提案を審査・選定する民間委員だが……」として疑惑報道を展開、

・6月12日には「国家戦略特区」の用語説明で「ワーキンググループが審査、絞り込みを行い」と解説、

・キャンペーンの中締めだったのか、7月7日には3面をほぼ全面使って、「選ぶ側、提案者に指南」との見出しで、「提案を選定する側のWG」の問題を大いに論じた。

すべて間違いだった、ということだ。

さらにいえば、特区は「選定」する仕組みではないから、利益誘導が起きる余地がない。加計問題以来の国家戦略特区の「疑惑追及」は、根底から間違いだった。

こんなデタラメのために、ここ数年の岩盤規制改革は停滞してきた。

改革の推進体制は立て直さないといけない。細分化した弱い改革組織を糾合し、かつての第二臨調、行政管理庁や総務庁のように、広義の「行政改革」を強力に進める体制が必要だ。

2019年6月11日
毎日新聞1面（リード文）

政府の国家戦略特区を巡り、規制改革案を最初に審査するワーキンググループ（WG）の原英史座長代理と協力関係にあるコンサルタント会社が、2015年、提案を検討していた福岡市の学校法人から約200万円のコンサルタント料を受け取っていた。原氏は規制緩和の提案を審査・選定する民間委員だが、コンサル会社の依頼で、提案する側の法人を直接指導したり会食したりしていた。　（26面に関連記事）

2019年6月12日
毎日新聞（用語解説）

国家戦略特区

安倍政権の下、大胆な規制緩和で民間投資を呼び込むとして指定された区域。これまで東京圏、関西圏など全国10地域が指定されている。規制緩和の内容は自治体や民間企業・団体から案を募り、民間有識者でつくるワーキンググループが審査、絞り込みを行い、首相が議長の特区諮問会議で最終的に審査・決定する。ワーキンググループ運営要領では、審議の内容などの公表は座長が適当と認める方法で行うとしている。

2019年7月7日
毎日新聞3面

特区に疑義 再燃

選ぶ側、提案者に指南

中立性は？

クローズアップ

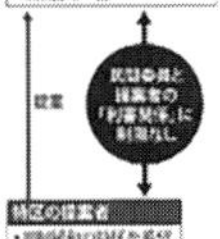

国家戦略特区を巡るWGの仕組み

1 正式なヒアリング

2 「非公式な打ち合わせ」

特区諮問会議

ワーキンググループ（WG）

特区の提案者

特区WG 問題の経緯

2 「内閣人事局」の機能不全

「内閣人事局」は民主党案だった

第二次安倍政権で設置された「内閣人事局」は評判が悪い。マスコミや野党からは、「内閣人事局が発足して霞が関の人事を握り、官僚は官邸に忖度するようになった」などと批判されている。

私からみると全く的外れだ。私は2007―09年に行政改革担当大臣補佐官などを務め、「内閣人事局」の創設には直接関わった。いま起きている問題は、内閣人事局が強権を振るっていることではなく、「内閣人事局が仕事をしていない」ことだ。

内閣人事局は2014年、総務省の人事・恩給局を中心に創設された。いわば「旧総務庁」の出島だ。ここで述べることも、「旧総務庁」の機能不全の1つである。

少し遡って、経過を振り返っておこう。

そもそも公務員制度改革が本格的にスタートしたのは、橋本龍太郎内閣のときだ。「内閣人事局」構想はこの頃から議論が始まった。当時は「人事の一元管理」などと称されていた。

その後、一進一退を繰り返し、第一次安倍内閣で再び議論が本格化した。政権は福田康夫内閣に代わり、2008年に成立した「国家公務員制度改革基本法」で改革プランが確定することになった。

当時はねじれ国会だ。法案は政府・与党だけでは成立しなかった。この基本法も、修正協議を経て自民・公明・民主の3党合意がなされ、成立に辿り着いた。修正協議の担当は自民では林芳正議員、民主では当時の松井孝治議員らだった。政権交代の足音が近づく中、「どの党が政権をとっても機能する官僚機構が必要」との認識を彼らが共有していたことは大きかった。

この種の基本法では、理念、基本方針、何をどう進めるかのスケジュールなどを定める。国家公務員制度改革基本法で、真っ先にやる項目として定められたのが、「内閣人事局を1年以内に設立」だった。

つまり内閣人事局は、与野党で合意されていた。それどころか、当時の民主党の提案を大幅に受け入れたものだ。名称も、政府・与党案では「内閣人事庁」だったが、民主党案を容れて「内閣人事局」とした経緯だった。現在の立憲民主党などはそんな経緯はすっかり忘れ、「内閣人事局が諸悪の根源」などと批判を展開している。

話を戻すと、内閣人事局は「1年以内」に設立されるはずだったが、その後なかなか設立されなかった。民主党政権になっても動かなかった。これは、公務員制度に関しては「労働基本権」の扱いという難題があって、労組との関係の深い民主党政権ではその兼ね合いで動けない面もあったためだ。そうして結局、再び政権交代で第二次安倍政権になるまで、設立は持ち越された。

人事評価の形骸化

2014年、内閣人事局はようやく発足した。ところが、肝心な公務員制度改革は、その後さっぱり進んでいない。

霞が関の官庁では、伝統的に、厳格な年次主義に基づく「年功序列」や、「○省一家」と呼ばれるような「縦割り閉鎖人事」の問題があった。内閣人事局でこれを改め、「能力実績主義の徹底」や「外部人材の登用」などを推進するはずだった。しかし、その後の状況をみると、年功序列も縦割り人事もほとんど変わっていない。基本法の改革プランは、多くが放置された。

霞が関の人事評価の実態

人事評価分布（2018~20年）

		S	A	B	C	D
幹部職員	能力評価		88.5%	11.5%	0.0%	
	実績評価		85.7%	14.3%	0.0%	
	実績評価		85.7%	14.3%	0.0%	
一般職員	能力評価	9.1%	53.2%	37.2%	0.4%	0.0%
	実績評価	11.2%	52.1%	36.3%	0.4%	0.1%
	実績評価	10.0%	51.9%	37.8%	0.4%	0.0%

能力評価：2018年10月～2019年9月
業績評価：上欄2019年10月～2020年3月、下欄2019年3月～同年9月
出典：https://www.cas.go.jp/jp/gaiyou/jimu/jinjikyoku/hyouka_kaizen/dai2/siryou2-1.pdf

人事評価分布（2011~12年）

		S	A	B	C	D
幹部職員	能力評価		85.7%	14.3%	0.0%	
	実績評価		78.8%	21.2%	0.0%	
一般職員	能力評価	5.8%	53.8%	39.8%	0.5%	0.1%
	実績評価	6.0%	51.9%	41.5%	0.5%	0.1%

能力評価：2018年10月～2019年9月、業績評価：2012年4月～同年9月
出典：https://www.cas.go.jp/jp/gaiyou/jimu/jinjikyoku/files/000277655.pdf（内閣人事局資料より筆者作成）

内閣人事局が仕事をしていない代表例が、人事評価のほっぽらかしだ。霞が関では従来、いちおう人事評価をやっていることになっているが、実際には形骸化していた。

下位評価はほとんどつけず、「みんな頑張っています」として差をつけない習わしだった。当たり前だが、それでは能力実績主義になるわけがない。人事評価の改善は、内閣人事局の最重要任務の1つだった。

ところが、2020年9月に公表された人事評価の実態をみると、内閣人事局の発足から5年以上たって、形骸化は何ら解消していない。むしろ悪化したぐらいだ。

- 幹部職員（3段階評価）は、A評価が9割、C評価は0%、
- 一般職員（5段階評価）でも、C・D評価は1000人に4~5名にとどまる。

言うまでもないが、公務員が全員そんな素晴らしい働きぶりなら、霞が関ははるかに高いパフォーマンスを出している。

要するに、内閣人事局がさぼって、人事評価がまともになされていないわけだ。

「官僚の忖度」の真相

実は、能力実績主義をさぼっていたことが、よく批判に出てくる「官僚の忖度」にもつながる。

順を追って説明すると、かつては「政治は官僚人事に介入しない」という不文律があった。制度上は、人事権は内閣や各大臣にある。しかし現実には、官僚たちの作った人事案に介入せず、そのまま丸のみすることになっていた。稀に政治介入があれば、大ニュースになるぐらいの異例のことだった。

ちなみに、2020年には検察庁や日本学術会議の人事が問題になったが、これらも同根の話だ。官僚人事と同様、検察人事や学術会議人事も、制度上は内閣に人事権があるが、伝統的な不文律で介入しないことになっていた。制度と不文律の乖離から問題が生じたのだが、話が脇にそれてしまうので、これぐらいにとどめておこう。

官僚人事に話を戻すと、不文律のもとで何が起きていたかというと、官僚たちは、大臣よりも、実質的な人事権者である官僚機構のボスをみて仕事をする。省庁の内輪の論理が何より優先されることになる。

しかも、ボスは必ずしも現職の官僚トップではない。幹部人事は事務次官経験者などの有力ＯＢが実権を握っていたりする。その一方で有力ＯＢたちは所管業界や団体に天下りしているわけだから、現役の官僚たちにとっては、その業界や団体に忖度せざるを得ない。業界・団体の利権護持が官僚機構の至上命題になるわけだ。

前の節で述べた「岩盤規制」は、そんな構造で長年守られてきた。安定的な右肩上がりの時代ならともかく、20世紀終盤以降、そんな構造がもはや機能しないことは明らかになっていた。

内閣人事局構想は、本質的には、各省庁のガバナンス構造の改革だった。

旧来の構造では、国民によって選ばれた内閣の方針が貫徹されず、省庁の内輪の論理が優先される。だから旧来の利権構造に手をつけられなかった。

これを「国民によるガバナンス」の効く構造に改めるには、次図の上下の三角形をくっつけなければならない。平たく言えば、役人が「役所のボスに忖度」するのでなく、「国民に忖度」する仕組みに変える必要がある。そのために、不文律を改める必要があった。

２００８年基本法では、人事権は本来の制度どおり、内閣や大臣が行使することを基本

旧来の役所のガバナンス構造

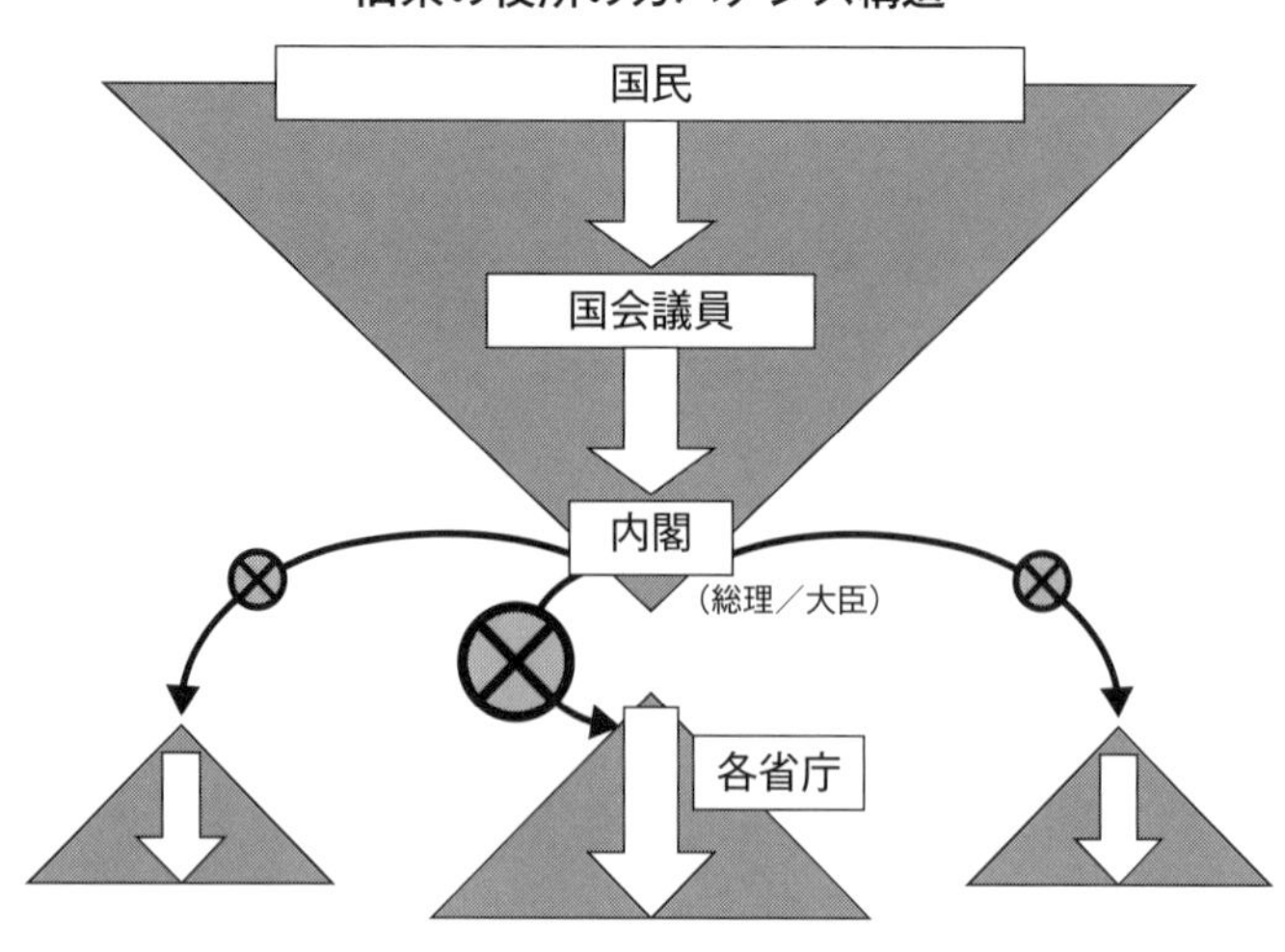

に据えた。

ただ、その際、大臣が実績の何もない〝お友達〟を引っ張り上げて「今日から局長」なんてことが多発しては困る。そこで、「幹部の適性審査」という仕組みを設けた。内閣人事局で、能力実績主義に基づき適性審査を行い、幹部候補者の名簿を作成し、大臣たちはその中から任命する。政治的な人事が暴走しないように、内閣人事局を制御装置として据えたわけだ。

ところが、肝心の内閣人事局が、能力実績主義を放置してしまった。客観評価は空洞のままで、政治が人事権を行使する状態が生まれた。結果として、中途半端な官僚たちが「官邸の歓心さえ買えば出世できる」と間違った忖度に走ることになった。

やや極端な事例だが、森友問題もその一例

だ。この問題では、安倍首相や首相夫人が関与して森友学園に特別な便宜を図ったとの疑惑追及が延々となされた。実際にはそんな話ではなく、売却手続きのミス程度の話だったのだろう。

ところが、ここで財務省の幹部たちは、疑惑追及につながる材料を少しでも解消しようと文書改ざんに走った。首相らに迷惑がかかるのを避けたい……との一心だったのだろうが、もちろんそんなことは許されない。

本来ならば、「たとえ官邸の不興を買うとしても、適正な行政運営を優先する」との行動規範が確立されていなければならなかった。そうした行動をとった官僚が評価される環境も必要だった。

しかし現実には、客観評価は空洞状態の中で、財務省幹部らは間違った忖度に走ることになった。改ざんに抗した職員が自殺される不幸な事態にもなった。

こうした間違った忖度が、残念ながら多くの省庁で日常的に広がってしまっている。内閣人事局の機能不全の結果、本質的なガバナンス改革は途上のままだ。

野党やマスコミは、「内閣人事局を廃止せよ」などといっているが、そうではなく、「内閣人事局はちゃんと仕事せよ」と言うべきなのだ。

3 取り残された「行政改革」

業務の肥大化と国会対応

橋本内閣の「省庁再編」は、国の枠組みの大転換を目指していた。間違っても「看板の掛け替え」に終わってはならないはずだった。

ところが、現実は「看板の掛け替え」に終わっている。最たる例が「総務省」だ。統合とは名ばかりで、3省庁そのままだ。より正確にいえば、3つのうち「旧郵政省（テレコム）」と「旧自治省」はそのまま維持された。一方、再編の実効性向上を担うはずだった「旧総務庁」は、いちおう器は残されたが、埋没してほぼ視界から消えた。

「厚生労働省」や「国土交通省」はもうちょっとは統合が進んだ。だが、それで政府のアウトプット向上につながったかといえば、到底そうはいえない。特に、厚生労働省はここ数年、繰り返し機能不全が指摘されてきた。

問題は、器は再編されたが、業務の中味が変わらなかったことだ。かつての行政改革の基本的な考えは、民間にできることは民間に委ね、地方に任せるべきことは地方に任せ、国の仕事を減量することだった。だから、「規制改革（規制緩和）／民営化」と「地方分権」が行政改革の根幹だった。橋本内閣の「省庁再編」は、そのために器も同時に再編してしまおうということだった。器が変わらなければ、中味がなかなか変わらないからだ。ところが、結果として何が起きたかというと、器の数は減ったが、中味は変わらなかった。規制改革も地方分権も、さして進んでいない。古くからの業務は整理されない。これは役所ではよくあることだが、何かいったん始めると、必要性が減じてもなかなか廃止されない。一方で新しい政策課題はどんどん増えていく。むしろ業務は肥大化する一方だった。「旧総務庁」の担うべき行政改革は、機能していなかった。

国会対応の業務が増大したことも見逃せない。国会答弁の作成や、国会議員からの説明要求への対応は、古くから官庁の仕事の相当部分を占めた。これが近年はさらにウェイトを高め、機能不全の大きな要因になっている。

省庁再編がなされた20年前を振り返ると、景色は全く違った。当時は政治改革が大きく進展し、国会改革も動き始めた時期だ。１９９９年には「党首討論」が導入され、「政府委員制度」が廃止された。官僚依存の国会運営から転換し、国会は政治家同士の議論の場になるはずだった。

1980年代以降の行政改革

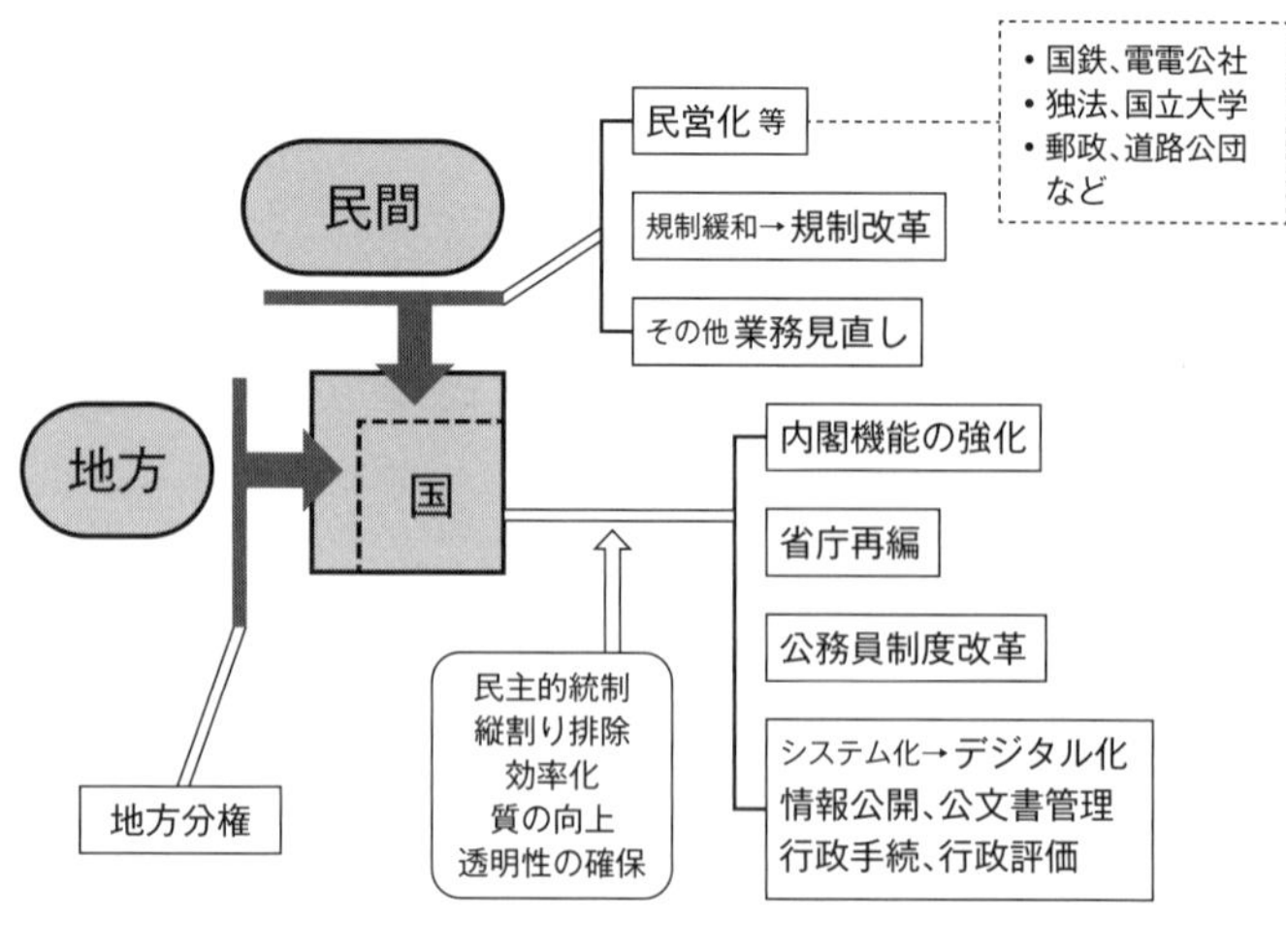

同じく1999年、官庁への質問通告は「前々日正午まで」とのルールも与野党で合意された。政と官の役割分担は整理され、官庁の国会対応業務はずっと軽くなっていく、と当時は期待された。

ところが、その後の現実は全く違った。「政府委員」は廃止されたが、「政府参考人」と呼び名が変わっただけで、今も役人たちは国会答弁を求められている。「前々日正午」ルールは空文化し、全く守られていない。質問内容が判明するのはしばしば前日深夜で、それから国会答弁を作るので寝る時間はない。

さらにここ数年、「野党合同ヒアリング」という新方式も登場した。政府を追及するテーマが出てくると、野党議員たちが官庁の課長クラスを呼び出し、集団で質問を浴びせて

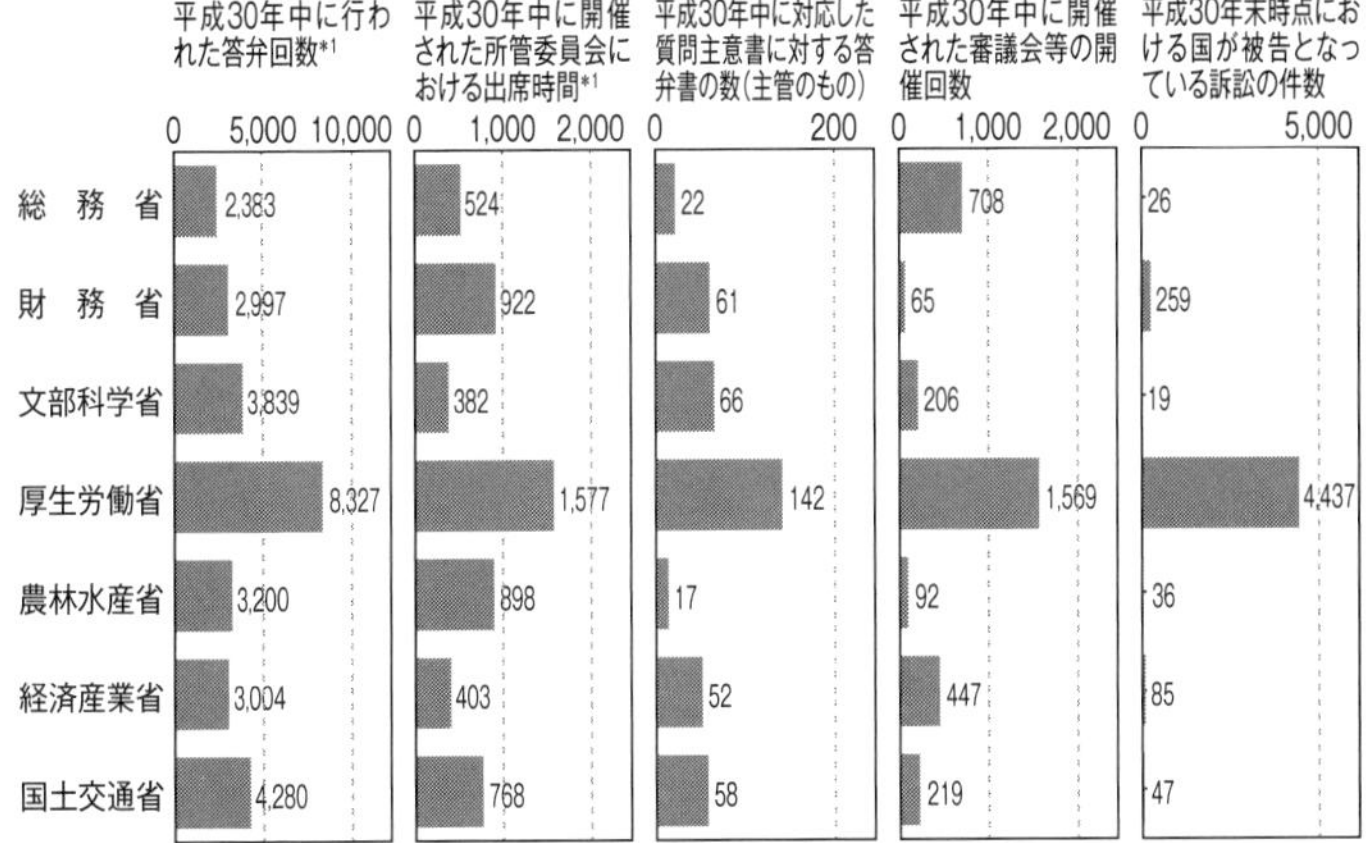

＊1＝大臣・副大臣・政務官・政府参考人の合計
資料：「霞が関のヘッドクオーター機能の業務量に関する調査」（2018年12月～）
出典：自民党行革本部資料（https://jimin.jp-east-2.storage.api.nifcloud.com/pdf/policy_topics/gyoukaku/amount_of_work02.pdf）

吊るし上げる。特に厚生労働省など、追及を受けがちな官庁にとっては甚大な負担が生じた。こうした対応が重なり、超過勤務時間が人道に反する水準に達する事例も報告されている。

厄介なのは、事が国会に関わるためだ。三権分立の建前からも、政府から改善を求めづらい。それはわからないではないが、とはいえ、職員の職務環境を守るため、総務省人事・恩給局（2014年まで）や内閣人事局（2014年以降）が乗り出すべき局面だった。

例えば「前々日正午」ルールの履行状況を政府側で公表するなど、対処の手立てはあった。しかし、厄介ごとに手を出そうとはせず、見て見ぬふりを続け、国会対応に起因する機能不全は深まった。

「旧総務庁」はここでも役割を果たせなかった。

「エージェンシー化」の顚末

省庁再編では、「エージェンシー化」も掲げられた。エージェンシーとは、イギリスの政府で実施機能を担う半官半民の組織だが、これを参考に、政府全体で「企画立案機能」と「実施機能」を分離し、政府の設計を根本的に見直そうとの構想だった。

ところが、2001年以降、ここでも「看板の掛け替え」が横行した。多くの省庁では、従来の「特殊法人」を「独立行政法人」に改組する程度でお茶を濁し、「旧総務庁」の行政改革部局もこれを黙認した。本格的な機能の見直しはなされず、「実施部門」の整備という話もどこかに消えてしまった。

このつけが回ってきたのが、コロナ禍で2020年に生じた「持続化給付金」絡みの不祥事だ。担当の経済産業省がサービスデザイン推進協議会なる法人に業務委託し、そこから電通などに再委託がなされていたが、協議会の実態は乏しく、経産省幹部と電通との癒着などの疑惑が浮上した。

不祥事の話より大事なのは、その裏側に潜む機能不全だ。問題は、「実施部門」の整備が放置されてきたことだった。

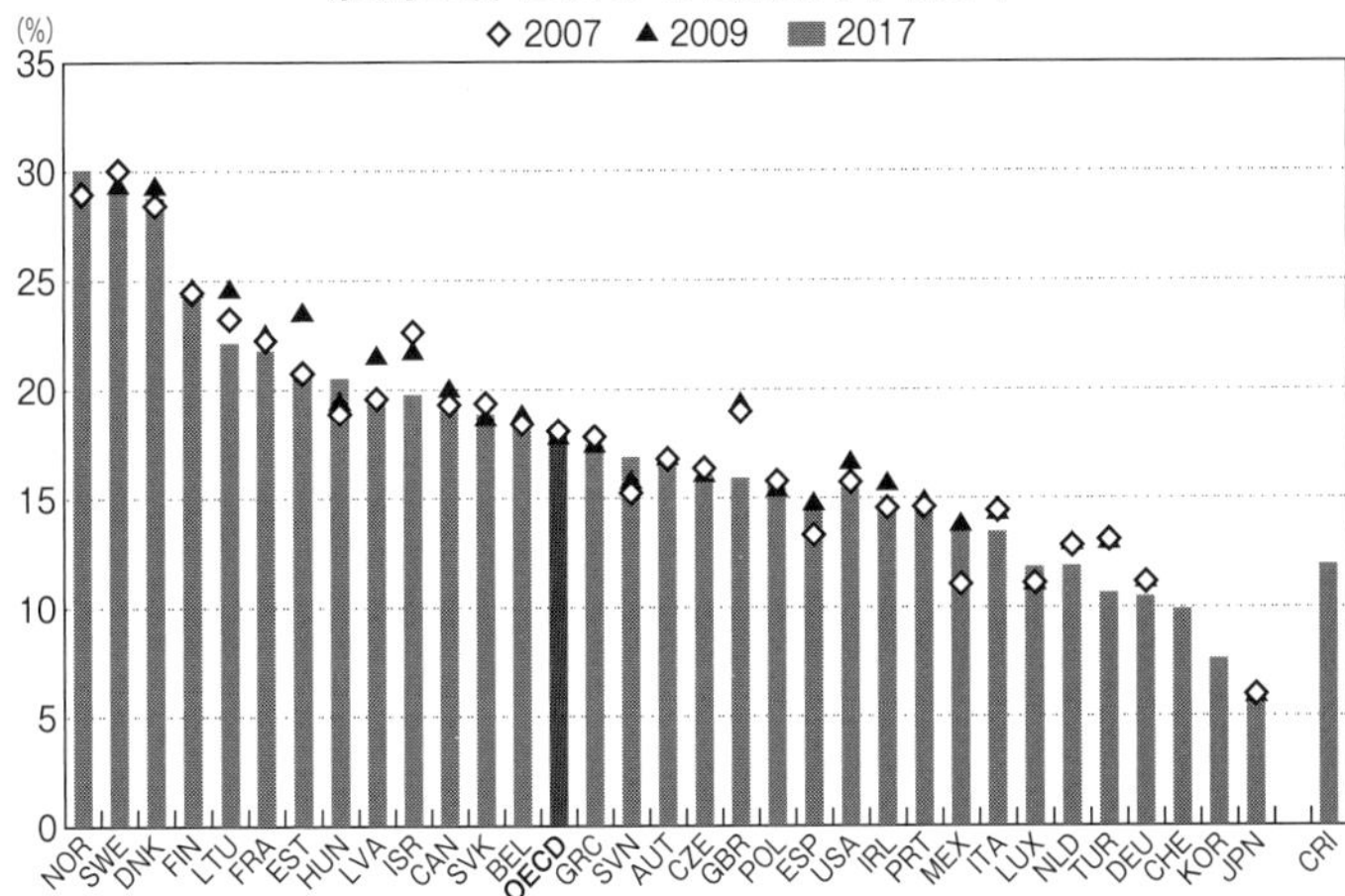

出典：OECD,"Government at a Glance 2019"

そもそも論からすると、日本の公務員は数が少ない。雇用全体に占める公的部門の比率をみると、先進諸国の中で突出して低いことがわかる。この点、「小泉改革の民営化で公務員の数が減った」と誤解している人がいるが、そうではなく、少なくとも１９６０年代から一貫して少なかった。

公務員が少ない代わりに業務執行を支えてきたのが、かつては官庁の所管する外郭団体だった。業界団体などの社団法人・財団法人がぶら下がり、いわば「下請け機関」のように実施機能を担った。多くの場合、外郭団体には天下りＯＢがいて、一体で機能する仕組みになっていた。

外郭団体システムは行政機能を支えた面があったが、その半面、無駄や官民癒着の温床にもなった。そこで、これも橋本内閣の頃から公益法人改革が進められ、外郭団体システムは相当程度解体されていった。

このとき同時に、「実施部門」の整備もなされる必要があったが、こちらは放置されていた。結局、実施機能の空白を埋めるために、各省庁は、いつの間にかこっそりと「外郭団体もどき」を再生させた。その1つが、問題になったサービスデザイン推進協議会だ。これが省庁再編から不祥事に至る顚末だった。

もちろんこっそり先祖返りを進めていた経産省の責任は大きい。経産省だけでなく、他の省庁でも同様の先祖返りがある。外郭団体システムがそのまま延命している場合もある。それを許したのは「旧総務庁」の行政改革の機能不全だった。

数年かかる「事前協議」

かつての行政管理庁、総務庁の担ってきた「行政改革」は、多岐にわたった。「行政手続法」(1993年)、「情報公開法」(1999年)、「パブリックコメント手続」(1999年)、「政策評価法」(2001年)など、行政全般にまたがって大改革が成し遂げられた。

例えば「行政手続法」は、裁量行政への挑戦という壮大なプロジェクトだった。昭和の時代の行政は、金融や通信・放送に限らず、どこの省庁も裁量行政だらけだった。許可するか否かは担当者の気持ち1つ。気に入らない申請は処理せず放置されたりした。

「行政手続法」の構想は第一次臨調の頃からあったが、本格的に検討されたのは第二臨調の答申を受けた１９８５年以降だ。そこからも相当な時間を要して、１９９３年にようやく法律の制定に至った。

許認可事務それぞれについて、「審査基準」や「標準処理期間」の設定・公表が義務付けられた。担当者の判断次第はもう許されず、事前に基準と期限を明確にしないといけなくなった。

各省庁の許認可担当部局すべてにとって、相当なインパクトのある厄介な法律だった。なんとか基準と期限を定め、行政運用はかなり合理的になった。当初は、総務庁が施行状況を定期的に点検し、行政監察を行うこともあった。

それから20数年が経った。行政運用はすっかり合理的になり、裁量行政は過去のものになったかというと、そんなことはない。通信・放送行政は今も大きな裁量性を残す。他の分野でも、特に自治体の規制運用では、随分とひどい話がよくある。

例えば、私は２０２０年から「再エネ規制総点検タスクフォース」の委員を務めているが、現場で困っている事例を聞いてみると、農地や森林を利用するには「自治体担当部局から事前協議を求められ、それが終わるまで正式な申請をさせてもらえない」「５年たっても事前協議が終わらない」なんていう話が出てくる。

「行政手続法違反でないか」と思うが、官庁側は「事前協議はしなくてもいいのです。ただし、事前協議なしで認可が得られるかはわかりません。やはり事前協議したほうが、申請される側にとって有益だと思います」などといっている。

こんな議論は、90年代半ばに霞が関のあちこちでやって、終わったはずの議論だった。「事前協議しないとわからないような不透明なルール」こそが問題で、これを解消するのが「行政手続法」というプロジェクトだった。すっかり忘れられて、ここでも先祖返りが横行している。

もし「旧総務庁」がかつてのように規制改革も所管していたら、こうした個別の問題事例をみて、「行政手続法の再点検」に乗り出したのだろうが、今やそんな連携も働かない。これも、「改革の細分化」の弊害だ。

このように「総務省」への統合は、「改革の細分化」をもたらし、随所で改革の推進力を低下させてきた。

今後に向けては、かつての「行政改革」のように、行政組織改革、規制改革・民営化、地方分権などを統合的に進める体制に建て直す必要がある。

「旧総務庁」は、統合的な改革を支える「内閣行政管理局」として再建すべきだ。

第7章

総務省の外郭組織

1　「日本郵政」という難題

3つの巨大外郭組織「NTT」「日本郵政」「NHK」

旧郵政省は、「NTT」「日本郵政」「NHK」という3つの巨大外郭組織を抱えている。このうち「NTT」と「日本郵政」は、もとは逓信省で、明治初期に官営の独占事業としてスタートした。その後、通信部門は1952年に公社化、1985年に民営化されてNTTになった。郵便部門は2002年に公社化、2007年に民営化され日本郵政になった。

一方、「NHK」の原型は、1925年にラジオ放送を開始した「社団法人東京放送局」だ。翌1926年、東京・大阪・名古屋放送局が統合されて「社団法人日本放送協会」となった。戦前は社団法人だが独占事業で、大本営発表や玉音放送を担った。

戦後になると1950年に社団法人から「特殊法人日本放送協会」に改組された。同年制定された放送法で民間放送も認められた。「NHK」という略称が広がるのはこの頃からだ。その後、テレビ放送は、最初からNHK・民放の二元体制で開始されることになった。

要するに、「NTT」と「日本郵政」は、官営の独占事業からスタートし、今は民営化された。一方の「NHK」は、半官半民の状態が100年続いている状態だ。

日本郵政vsNHK「元次官による言論弾圧」

日本郵政とNHKが激突した「かんぽ不正販売問題」について、第4章でも触れた。不正販売の実態を見出して報じたNHKに対し、日本郵政が強硬に抗議してストップをかけた。NHKの側では、圧力に屈しやすい体質が露呈した。

一方、日本郵政の側で露呈したのは、民営化されたものの、実態はいまだに政府であることだった。NHKは抗議を受け、「日本郵政＝政府」だと受け止めた。政府に要望していたネット同時配信解禁などに影響が生じることも危惧した。だからこそ、圧力に屈した。もしこれが、純粋に民間保険会社からの抗議だったら、事態は全く違ったはずだ。

抗議の中心になったのが、日本郵政の上級副社長を務めていた鈴木康雄氏だ。鈴木氏は旧郵政官僚で2009―10年に総務事務次官を務めた。その後、財団法人理事長などを経て、２０１３年に日本郵政副社長に転じていた。

２０１８年夏に日本郵政の抗議に対し当初ＮＨＫの制作部門が対応を拒むと、鈴木氏が乗り出した。ＮＨＫの経営委員長代行と面会すると、その後、経営委員会は迅速に動き始める。上田良一・ＮＨＫ会長（当時）に厳重注意を行い、上田氏は郵政への謝罪文提出を強いられることになった。同年11月には鈴木氏が委員会あてに「早速に果断な措置」に感謝する旨の文書を送付し、その中では、放送行政の経験を強調しつつ、「（ＮＨＫ幹部らによる）ガバナンス体制の確立と強化が必要」などの指摘もなされた。

一連の経過をみるに、おそらく鈴木氏は、民間企業に勤務しているとの感覚はなかったのだと思う。自分は引き続き旧郵政省の幹部だと考えていたのだろう。鈴木氏が役所に勤務した間、郵政はほぼずっと政府の一部だったのだから、これは無理もないことだった。

古い話になるが、似たような「元次官による言論弾圧」事件は、昭和の時代にもあったそうだ。これは屋山太郎氏に聞いた話だ。ＮＨＫはここでは、言論封殺の被害者側ではなく、加害者側だった。

屋山氏は、第二臨調（１９８１―83年）から三次の行政改革審議会（１９８３―93年）まで委員を務め、国鉄や電電公社の民営化などを牽引して大活躍した。当時、国鉄問題が一段落して、会議で特殊法人をまとめて議論した際、屋山氏は「ＮＨＫの抜本改革」、ＢＢＣを参考にした運営見直しや民営化の検討などを強く主張した。

これに対しNHK元会長の小野吉郎氏が、屋山氏の所属していた時事通信の原野和夫社長（当時）に電話してきて、屋山氏を黙らせるよう求めたという。小野氏は旧逓信省に入省して郵政事務次官まで勤め上げ、田中角栄郵政大臣のもとでテレビ局の大量免許などを担った人物だ。昭和の時代の官僚OBだから、自分がいえば従うだろうと思ったのかもしれない。

しかし、原野社長は「屋山の口を封じられる奴はいない」と返事し、屋山氏に「そう言っておいたよ」とだけ伝えた。もちろん屋山氏はその後も、何ら遠慮なく持論を主張し続けた。ただ、世話になっている社長に迷惑がかかってはいけないと、言論弾圧の一件を表沙汰にすることだけは控えたという。今回「もう書いてもいいよ」とのことなので、ここで紹介させていただいた。

かんぽを巡る鈴木元次官の言論弾圧からは、昭和の官僚機構の残り香が漂う。しかし、昭和の時代には、そんな圧力に屈しない人たちも少なからずいた。かつての原野社長や屋山氏の対応と見比べ、現在のNHKは本当に情けない。

ちなみに、小野氏はNHK会長在職時の1976年、東京拘置所から保釈中の田中角栄氏を見舞いにいったことが労働組合や社会党から問題視され、任期途中で辞職に追い込まれた。さきの電話の一件のときは、すでに会長職にはなく顧問の立場だ。これ以降、NHK会長は生え抜きか民間出身者が慣例となり、郵政省からの天下りは途絶えた。外郭団体といえば天下りがつきものだが、この点でＮＨＫは特異な存在だ。

郵政民営化と特殊法人改革はコインの裏表

日本郵政の沿革をもう少し詳しくみておこう。

現在の日本郵政グループは、ホールディングスの「日本郵政」のもと、「日本郵便」「ゆうちょ銀行」「かんぽ生命」に分かれている。「郵政３事業」の郵便、郵便貯金、簡易保険が踏襲されたものだ。

郵便貯金の歴史は古い。前島密が創設した当初から、郵便とあわせて為替・貯金業務も担う設計だった。これはイギリスの郵便局にならったものだ。金融部門では１８７３年の第一国立銀行（国立銀行条例に基づく株式会社）を皮切りに民間銀行が創設されていくが、庶民に貯金を広めるうえでは郵便貯金が大きな役割を果たした。

簡易保険は１９１６年に創設された。これは、一般の生命保険は医師の診断を要するのに対し、医師の診断なしで誰でも簡易に加入できる保険だった。

郵便貯金と簡易保険の強みは、全国津々浦々に郵便局という拠点を持ち、かつ政府保証がついていたことだ。２０００年時点で、郵便貯金の残高は２００兆円、簡易保険の資金量は１２０兆円に達した。

家計から郵便局に預けられた300兆円は、大蔵省の資金運用部に預託され、これが「財政投融資」に化けていた。

財政投融資（財投）は、かつては郵貯・簡保に加えて国民・厚生年金を原資に、大蔵省理財局が運用を行っていた仕組みだ。インフラ整備など公共性の高い事業に低利で貸付を行う、いわば国営銀行と考えたらよい。戦後復興から高度成長を支えたが、その後も肥大化を続け、1990年代半ばには一般会計予算70兆円に対し財投が40兆円超。「第二の予算」とも呼ばれる規模に膨れ上がった。

問題は、資金の行先の特殊法人などで、コスト意識を欠いた壮大なムダ遣いがなされ、それが財投からの資金供給で覆い隠されていたことだ。90年代から問題視され、道路公団などの特殊法人改革や特別会計改革が進められることになった。

郵政改革は、これとコインの裏表の関係だった。不透明な公的補助の資金源を断つことが、最重要目的だった。橋本行革では、郵貯・簡保から財投への預託義務を廃止した。さらに小泉内閣で民営化がなされ、郵貯と簡保は分割して完全民営化（政府が株式を保有しない）に向かうことになった。

ＮＴＴと日本郵政の決定的な差

ＮＴＴと日本郵政はどちらも、もとは官営事業で民営化された。成り立ちは似ているが、大きな違いがいくつかある。

第１の違いは、民営化に至る年月の差だ。

もとはどちらも逓信省だが、ＮＴＴの場合は、30年以上の公社時代を経て民営化された。郵政省とは切り離されて長年運営されてきた歴史があった。これに対し、日本郵政は２００２年まで郵政省だった。

しかも、日本郵政公社になったのちも、職員28・６万人は国家公務員のままだった。電電公社は職員は非公務員だったから、郵政はより国営に近い状態で２００７年まで運営されてきたわけだ。助走期間のほとんどないままに民営化された状態だった。

日本郵政グループ各社の幹部をみても、旧郵政官僚がずらりと並んでいる。民間企業とはいっても、陣容をみれば、役所組織に民間人を一部登用した程度でしかない。日本郵政の社長は民間出身者をおいたが、上級副社長に元総務事務次官の鈴木康雄氏が座り、「郵政のドン」として実権を振るった。不正販売で３社長が引責辞任したが、日本郵便とかんぽ生命の新社長には、いずれも旧郵政官僚が就任している。旧郵政省との一体性は強固なままだ。

第2の違いは、通信自由化は1985年から一貫して前進したが、郵政民営化は発進してまもなく逆行したことだ。

政権交代で民主党政権になって2012年、「郵政民営化見直し」の法改正がなされた。ゆうちょとかんぽは2017年までに日本郵政の保有株式をすべて売却して完全民営化することになっていたが、期限をなくして事実上凍結された。

この結果、ゆうちょの89%、かんぽの64%の株式を、今も日本郵政（株式の57%を国が保有）が保有し続けている。国の影響力が強く残されたままの状態だ。

この完全民営化の凍結は、実は日本郵政グループに大きな痛手にもなっている。郵政民営化法で「上乗せ規制」というのがあって、ゆうちょ・かんぽは日本郵政の保有比率が50%超である限り、新商品・サービスに際し国の認可が必要とされるためだ。

競合する民間金融機関は、とっくにそんな許認可は不要になり、最近はフィンテックなども活用して次々に魅力的な商品・サービスを売り出している中、ゆうちょ・かんぽはいちいち認可をとらないといけない。どうしても出遅れてしまうことになった。

かんぽの不正販売問題も、実はこれが背景にあった。上乗せ規制で足かせをはめられているため、商品・サービスの魅力で勝負できない。だから、職員にノルマを課して営業強化するしかなかった。

この問題では「民営化したためノルマが強化され、負の側面が表れた」などとコメントする人が少なくなかったが、二重に間違っている。民営化は停滞中であり、停滞が不正販売の要因だった。

第3の違いは、政治との関係の深さだ。

特に、約2万の小規模郵便局を束ねる「全国郵便局長会」（全特）の存在は大きい。「全特」という略称に残されるように、前身は「全国特定郵便局長会」だ。郵便局の創設初期以来、小規模郵便局は「特定郵便局」とされ、地域の名士が世襲で局長を務めてきた。

田中角栄郵政大臣が制度存続の道を拓いて以来、郵政族議員とも緊密な関係を築き、郵便局長の集票力は政治力の源泉となってきた。

民営化ののちも存在感は変わらない。２０１９年の参議院選挙では、元全特会長の柘植芳文氏が60万票を集め比例区トップで当選した。ちなみに、同じ選挙で農協出身の山田俊男氏は22万票だから、郵便局の集票力は今もレベルが違う。

「郵政のドン」の鈴木元総務事務次官が日本郵政上級副社長を務めた時期、日本郵便副社長を務めたのは元全特会長だった。こうした構造だから、民間企業としての経営向上が貫徹されず、政治に左右されることも起きる。

そして、以上３点とも因果を織りなして、ＮＴＴとの決定的な差は、成長のビジョンの有無だ。

ＮＴＴは、今はＧＡＦＡにやられっぱなしだが、そうはいっても競争の土俵に立とうとしている。かつて２０００年頃には、一時は世界のトップに立った。ｉモードで世界を席巻するかとも思わせた。

３Ｇ時代のＮＴＴドコモは、旧電電ファミリーなどのメーカーとともに、世界最先端の技術開発を進めていた。４Ｇあたりから翳りをみせ、５Ｇでは全くダメだったが、それでも「６Ｇでなんとか巻き返そう」との気力はある。

しかし、日本郵政は、そんな土俵と遠く離れた地点にいる。民営化初期には国際物流に乗り出す動きもあったが、早々に潰えた。ネット通販市場は拡大しているが、競合する宅配事業者に押されている。金融２社は足かせをはめられたままだ。

かつての独占は、ＮＴＴにとっては貴重な遺産だった。これに対し日本郵政では、かつての独占は負の遺産としてのしかかり、押しつぶされかかっている。

先行きは厳しい。少なくとも現時点では、小さな物流会社・金融機関・保険会社として何とか生き延びていくぐらいしか道筋がみえない。あるいは、再国営化にさらに舵を切っていくことになるのか。昨年から新社長を務める増田寛也氏が打開策を示せるのかどうか。分岐点は近づいている。

２ 天下りからみる総務省

空文化した天下り規制

天下りは、役所がどんな仕事をしているかの写し鏡だ。各官庁の天下り先一覧をみると、どんな企業や団体と強いつながりがあるのかがわかる。各官庁がどれだけの力を持っているのかもわかる。

なぜかというと、企業や団体が、高い給与を払ってＯＢを受け入れるのには、それだけの理由がある。つまり、役所から補助金をとってきてくれる、許認可や割当をもらってきてくれる、万一なにか問題を起こして厳しい処分をくらいそうなときに用心棒になってくれる、などだ。官庁に権限があればこそ、ＯＢが役に立つ機会も生じる。力の強い官庁ほどＯＢは引く手あまたになるわけだ。

天下りＯＢは、利権構造を守る役割も果たす。業界・団体にとって都合の悪い規制改革などの動きがあれば、官庁や政治に働きかけてつぶさないといけない。政官民「鉄のトライアングル」の結節点になって大活躍するのが天下りOBだ。第6章で述べたように、「岩盤規制」はなかなか崩れず維持されてきた。裏側にあったのが天下りの仕組みだ。

総務省の天下りの話の前に、天下り規制に触れておこう。

第一次安倍政権では「天下り根絶」に取り組んだ。私は当時、行革担当大臣補佐官を務めて担当した。霞が関中が猛反対する難題だったが、なんとか国家公務員法改正（2007年）を実現した。

それではもう天下りはなくなったのか……というと、そんなことはない。法改正はなされたが、実態はあまり変わっていない。

理由は、規制は設けたが、その後の取り締まりをまじめにやらなかったためだ。いわば、道路の速度制限を設けたが、違反車を追いかけるパトカーや白バイを用意しなかったようなものだった。違反が横行するのは当然だ。

この経過は、前著『岩盤規制』などで書いたので、詳しくはそちらをご覧いただければと思うが、簡単にいうと、法改正では「省庁によるあっせん」を禁止した。天下りは、役所が人事の一環でやっているからだ。それで「再就職等監視委員会」という監視機関を設け、違反を取り締まる設計だった。

ところが、その後、政権交代で民主党政権になったが、監視役の委員を任命しない。結局２０１２年まで空席状態で放置された。民主党はもともと、自民党以上に「天下り根絶」と言っていたはずなので、こうした規制運用を蔑ろにするのは解せないことだった。

結果として、その間に、「どうせ取締りはないのだから」といって脱法的な慣行が広がった。形のうえで「省庁によるあっせん」ではなく「ＯＢによるあっせん」ということにする方便だ。もちろん、水面下で省庁が動かなければ天下り人事ができるわけがなく、本当は違法行為だが、誰も監視していないうちに、全霞が関に広がった。

中には、もっと大胆に堂々と現役幹部があっせんを行ってしまうケースもあった。元文部科学事務次官の前川喜平氏などのケースで、こちらはさすがに監視機関設置後は、見つかって処分されることになった。

ただ、より広く官庁全般で普及したのが「ＯＢによるあっせん」だ。どこの官庁も当然のように行っているので、監視機関が立ち上がった時点では、もう黙認せざるをえなかった。

ちなみに、私は当時、大阪府・市でも公務員制度改革に取り組んで、そちらでも同様の天下り規制導入に至った。そちらは監視機関に、初期メンバーでは屋山太郎氏、長谷川幸洋氏などが参画し、のちに私も一時メンバーを務めた。毎月の会議で、ちょっとおかしな案件はすぐ問いただし再調査していたので、組織の対応は引き締まった。

国でも同水準の監視を行っていれば、本当に「天下り根絶」が実現され、官民の関係はずっと透明になっていただろうが、もったいないことだった。

旧郵政省の華やかな天下り先

ということで、今日に至るまですべての省庁で、天下りがふつうに行われている。以下では、2018—20年度の総務省から天下り一覧を示しておこう。

このリストは、管理職以上の国家公務員の退職後2年間の再就職状況を内閣人事局がとりまとめたものだ。中には、退職後に自力で再就職したケースも含まれるが、大半は「OBのあっせん」など、役所ネットワークでの天下りだ。

リストの見方として、まず退職時の役職名をみれば、「旧郵政省」「旧自治省」「旧総務庁」の色分けがだいたいわかる。

- 退職時の役職に「情報流通行政局」「総合通信基盤局」「国際戦略局」や、出先機関の「…総合通信局」などとあれば、「旧郵政省」、
- 「自治行政局」「自治財政局」「自治税務局」「自治大学校」「消防庁」などならば、「旧自治省」、
- 「行政管理局」「行政評価局」「統計局」「政策統括官(統計基準担当)付」「政策統括官(恩給局)付」や、出先機関の「…行政評価局」などならば、「旧総務庁」だ。

なお、中には、最終役職が「大臣官房付」という待命ポストになっている場合もあって、これは役職名からは区別がつかない。

総務省再就職先一覧〈2018年度～2020年度〈2020年12月まで〉〉

年度	再就職日	退職時の官職	再就職先の名称	再就職先における地位
2018	H30・6・22	政策統括官付	NTTファイナンス株式会社	常勤監査役
2018	H30・10・10	統計研修所統括教授	個別指導サポート	講師
2018	H30・4・1	三重行政評価事務所長	中部管区行政評価局	専門調査員（非常勤職員）
2018	H30・6・27	政策統括官（統計基準担当）（恩給担当）	一般財団法人沿岸技術研究センター	業務執行理事
2018	H30・10・16	関東総合通信局長	株式会社テレビ東京	参与
2018	H30・6・21	自治大学校長	公益財団法人日本消防協会	常務理事
2018	H30・9・1	北海道管区行政評価局長	参議院議員片山虎之助事務所	公設秘書
2018	H30・6・8	大臣官房付	一般財団法人移動無線センター	常務理事 事業本部長
2018	H30・4・1	統計局統計利用推進課統計利用推進研究官（関東管区行政評価局長）	公益財団法人日本クレジットカウンセリング協会	嘱託員
2018	H30・7・3	統計局統計利用推進課統計利用推進研究官（関東管区行政評価局長）	公益財団法人日本クレジットカウンセリング協会	専務理事
2018	H30・7・5	統計研究研修所長	公益財団法人統計情報研究開発センター	専務理事
2018	H30・8・1	自治財政局財務調査官	一般財団法人地域総合整備財団	総務部長
2018	H30・6・11	国際戦略局付	国立大学法人信州大学	研究支援推進員

2018	H30・10・1	関東総合通信局総務部長	公益財団法人日本無線協会	総務部担当部長
2018	H30・6・18	近畿総合通信局総務部長	一般社団法人全国陸上無線協会	総務担当部長
2018	H30・4・1	中部管区行政評価局地域総括評価官	神奈川行政評価事務所	専門調査員（非常勤職員）
2018	H30・4・1	中国四国管区行政評価局地域総括評価官	中国四国管区行政評価局	専門調査員（非常勤職員）
2018	H30・4・1	中部管区行政評価局地域総括評価官	東北管区行政評価局	専門調査員（非常勤職員）
2018	H30・7・1	情報流通行政局地域情報通信振興支援官（中国四国管区行政評価局長）	日本電気株式会社	顧問
2018	H30・4・1	大臣官房付	静岡県公立大学法人静岡県立大学	経営情報学部教授
2018	H30・7・1	関東総合通信局長	三井住友信託銀行株式会社	顧問
2018	H30・11・1	沖縄行政評価事務所長	総務省	沖縄行政評価事務所専門調査員（非常勤職員）
2018	H30・4・1	関東管区行政評価局地域総括評価官	関東管区行政評価局	専門調査員（非常勤職員）
2018	H30・4・1	関東管区行政評価局地域総括評価官	東京行政評価事務所	専門調査員（非常勤職員）
2018	H30・7・9	大臣官房付	三井住友海上火災保険株式会社	顧問
2018	H30・8・1	大臣官房付	株式会社日本宝くじシステム	企画部長
2018	H30・7・1	大臣官房付	一般財団法人消防試験研究センター	企画研究部長
2018	H30・12・1	行政評価局総務課行政評価制度研究官（総務省近畿管区行政評価局長）	株式会社ドコモCS	特別参与・経営企画部業務改善推進室長

2018	H30・7・1	大臣官房付	一般財団法人全国市町村振興協会	業務部長
2018	H30・5・1	大臣官房付	川田テクノロジーズ株式会社	部長
2018	H30・9・1	情報通信政策研究所総務部長	国立研究開発法人情報通信研究機構	一般職員
2018	H30・4・1	四国行政評価支局地域総括評価官	四国行政評価支局	専門調査員（非常勤職員）
2018	H30・7・1	消防庁消防大学校消防研究センター所長	JXTGエネルギー株式会社	環境安全部安全管理Gr顧問
2018	H30・4・1	北海道管区行政評価局評価監視部次長	北海道管区行政評価局	専門調査員（非常勤職員）
2018	H30・6・27	大臣官房付	一般財団法人救急振興財団	事務局長
2018	H30・10・1	大臣官房付	一般財団法人自治体衛星通信機構	事務局長
2018	H30・12・3	自治大学校長	富士通株式会社	シニアアドバイザー
2018	H30・12・10	自治大学校長	株式会社有岡商店	代表取締役
2018	H30・11・1	国際戦略局長	日本生命保険相互会社	法人顧問
2018	H30・10・22	九州管区行政評価局長	株式会社サンケイビル	顧問
2018	H30・10・26	信越総合通信局長	一般財団法人電気通信端末機器審査協会	総務企画部長
2018	H30・11・5	東海総合通信局長	スカパーJSAT株式会社	顧問
2018	H30・11・1	総務審議官（国際）	株式会社野村総合研究所	顧問
2018	H30・11・1	総合通信基盤局電波部電波政策課電波利用分析官（総務省情報通信国際戦略局付）	一般財団法人移動無線センター	中国センター次長
2018	H30・11・1	大臣官房付	株式会社みずほ銀行	証券部顧問

2018	H30・11・5	中国総合通信局長	富士通株式会社	シニアアドバイザー
2018	H30・11・12	大臣官房付	日本生命保険相互会社	顧問
2018	H30・11・1	大臣官房付	三井住友信託銀行株式会社	本店法人業務第二部法人担当アドバイザー
2018	H30・11・1	国際戦略局付	株式会社日立国際電気	事業企画本部長付
2018	H30・11・16	中部管区行政評価局長	株式会社日立製作所	CEO付
2018	H30・11・1	大臣官房企画官	一般財団法人地方債協会	企画調査部長
2018	H30・11・1	自治行政局選挙部管理課長	地方公共団体情報システム機構	住民基本台帳ネットワークシステム全国センター総括審議役
2018	H30・11・19	国際戦略局国際協力課技術協力専門官（総務省総合通信基盤局総務課調査官）	一般財団法人テレコムエンジニアリングセンター	電磁環境・較正事業本部較正部副部長、同本部電磁環境試験部副部長兼務
2018	H31・1・1	大臣官房付	三井住友信託銀行株式会社	本店法人業務第一部法人担当アドバイザー
2019	H31・4・1	総務審議官（行政制度）	独立行政法人統計センター	理事長
2019	R1・6・21	総務審議官（郵政・通信）	株式会社スカパーJ SATホールディングス	取締役
2019	R1・6・21	総務審議官（郵政・通信）	スカパーJSAT株式会社	取締役執行役員副社長
2019	R1・6・21	関東総合通信局長	一般社団法人電気通信端末機器審査協会	理事長
2019	R1・7・1	国際戦略局長	Arithmer株式会社	常務取締役

2019	R1・6・1	東海総合通信局長	株式会社メルコホールディングス	参与
2019	H31・4・1	大臣官房付	総務省	情報公開・個人情報保護審査会委員
2019	R1・5・1	大臣官房付	宮内庁	宮務主管
2019	H31・4・23	自治行政局公務員部長	福井県	知事
2019	H31・4・30	大臣官房付	島根県	知事
2019	H31・4・1	近畿管区行政評価局地域総括評価官	総務省	近畿管区行政評価局専門調査員（非常勤職員）
2019	R1・7・1	東北総合通信局長	株式会社ＫＤＤＩ総合研究所	顧問
2019	R1・8・20	大臣官房付	公益財団法人全国市町村研修財団	常務理事
2019	H31・4・1	関東管区行政評価局地域総括評価官	総務省	関東管区行政評価局（千葉行政監視行政相談センター）専門調査員（非常勤職員）
2019	R1・7・1	大臣官房付併任　大臣官房参事官	一般財団法人日本消防設備安全センター	事務局長 兼 総務部長
2019	H31・4・1	九州管区行政評価局総務行政相談部長	総務省	九州管区行政評価局専門調査員（非常勤職員）
2019	R1・7・1	大臣官房付	一般財団法人地方財務協会	事業部長
2019	H31・4・1	関東管区行政評価局地域総括評価官	総務省	神奈川行政評価事務所専門調査員（非常勤職員）

2019	H31・4・1	北海道管区行政評価局評価監視部長	総務省	北海道管区行政評価局専門調査員（非常勤職員）
2019	R1・7・1	大臣官房付併任 大臣官房参事官	全国町村会	財政部長
2019	H31・4・1	九州管区行政評価局地域総括評価官	総務省	関東管区行政評価局専門調査員（非常勤職員）
2019	R1・7・1	自治大学校教務部長 併任 自治大学校教授 併任大臣官房参事官	一般財団法人日本宝くじ協会	管理部長 兼 業務部長
2019	R1・7・1	情報通信政策研究所総務部長	一般財団法人情報通信振興会	経営企画本部公益企画部担当部長
2019	R1・7・1	北海道総合通信局長	シャープ株式会社	研究開発事業本部副本部長
2019	H31・4・1	自治行政局地域政策課企画官	内閣官房	情報通信技術総合戦略室政府ＣＩＯ補佐官
2019	R1・7・1	関東総合通信局情報通信部長	一般社団法人電波産業会	総務部担当部長
2019	R1・7・1	自治行政局公務員部福利課安全厚生推進室長	一般財団法人地方財務協会	事務局次長
2019	R1・10・1	自治行政局公務員部福利課安全厚生推進室長	地方公共団体情報システム機構	教育研修部長
2019	R1・10・1	自治財政局公営企業課公営企業経営室長	一般財団法人自治総合センター	文化振興部長 兼 調査研究部長
2019	R1・11・1	大臣官房総括審議官	三菱ＵＦＪ信託銀行株式会社	金融法人部業務顧問

2019	R1・11・1	大臣官房審議官（国際技術、サイバーセキュリティ担当）	ドコモ・テクノロジ株式会社	特別参与
2019	R1・10・16	大臣官房付	SMBC日興証券株式会社	顧問
2019	R1・12・1	近畿総合通信局長	株式会社ジュピターテレコム	顧問
2019	R1・11・1	自治行政局長	明治安田生命保険相互会社	顧問
2019	R1・11・5	大臣官房審議官（行政評価局担当）併任　情報公開・個人情報保護審査会事務局長	地方公務員災害補償基金	審査会委員
2019	R1・11・1	関東総合通信局長	三井住友信託銀行株式会社	顧問
2019	R1・10・15	大臣官房付	株式会社KDDI総合研究所	常勤顧問
2019	R2・1・1	行政評価局長	一般財団法人簡易保険加入者協会	監事
2019	R1・10・21	大臣官房付	一般財団法人移動無線センター	東北センター次長
2019	R1・10・1	情報流通行政局付	一般財団法人日本ITU協会	総務部長
2019	R1・11・1	大臣官房付	第一生命保険株式会社	顧問
2019	R1・11・1	大臣官房付	富国生命保険相互会社	総合営業推進部顧問
2019	R1・11・1	大臣官房付	あいおいニッセイ同和損害保険株式会社	公務部顧問
2019	R1・12・1	大臣官房付	不二サッシ株式会社	営業本部開発営業統括部顧問
2019	R1・12・3	大臣官房付	一般財団法人電波技術協会	国際スポーツ大会推進本部周波数調整部担当部長
2019	R1・10・10	消防庁消防大学校長	三井住友信託銀行株式会社	本店法人業務第一部法

				人担当アドバイザー
2019	R1・10・28	自治大学校長	損害保険ジャパン日本興亜株式会社	顧問
2019	R1・10・15	総務事務次官	みずほ総合研究所株式会社	顧問
2019	R2・1・1	大臣官房総括審議官	日本生命保険相互会社	法人顧問
2019	R1・10・15	北陸総合通信局長	一般社団法人電波産業会	研究開発本部参与
2019	R1・11・1	大臣官房付	第一生命保険株式会社	公法人部顧問
2019	R1・11・1	総務審議官（行政制度）	富士通株式会社	シニアアドバイザー
2019	R1・10・15	総務審議官（国際）	株式会社インターネット総合研究所	顧問
2019	R1・10・21	総務審議官（国際）	京浜急行電鉄株式会社	嘱託
2019	R1・12・1	総務審議官（国際）	SBIホールディングス株式会社	顧問
2019	R1・12・17	大臣官房付	宮内庁	次長
2019	R1・11・1	大臣官房付	一般財団法人地方自治研究機構	総務部長 兼 調査研究部長
2019	R1・12・7	大臣官房総括審議官	高知県	知事
2019	R2・1・1	国際戦略局付	株式会社エフエム東京	常勤顧問
2020	R2・6・24	大臣官房付	公益財団法人日本防炎協会	常務理事
2020	R2・6・24	大臣官房付	全国市長会	事務局次長
2020	R2・6・10	大臣官房付	一般財団法人道路管理センター	審議役
2020	R2・4・1	四国行政評価支局評価監視部評価監視官（四国行政評価支局地域総括評価官）	総務省	四国行政評価支局専門調査員（非常勤職員）
2020	R2・4・1	行政管理局独立行政法人等制度研究官（総務省官民競争入札等監理委員会事務局参事官　併任　総務省行政管理局）	株式会社エフ・ピーブレイン	主任研究員

		公共サービス改革推進室参事官）		
2020	R2・6・10	大臣官房付	株式会社情報通信総合研究所	監査役
2020	R2・6・18	大臣官房付	株式会社ＮＴＴ東日本プロパティーズ	常勤監査役
2020	R2・6・25	大臣官房付	公益財団法人日本消防協会	常務理事
2020	R2・4・1	関東管区行政評価局地域総括評価官	総務省	関東管区行政評価局専門調査員（非常勤職員）
2020	R2・4・1	四国行政評価支局総務行政相談管理官	総務省	四国行政評価支局専門調査員（非常勤職員）
2020	R2・4・1	東北管区行政評価局地域総括評価官	総務省	東北管区行政評価局専門調査員（非常勤職員）
2020	R2・4・1	九州管区行政評価局総務行政相談部長	総務省	九州管区行政評価局専門調査員（非常勤職員）
2020	R2・4・1	近畿管区行政評価局総務行政相談部長	総務省	近畿管区行政評価局専門調査員（非常勤職員）
2020	R2・7・1	中国総合通信局長	公益財団法人京阪神ケーブルビジョン	理事長
2020	R2・6・18	中部管区行政評価局長	ＮＴＴ都市開発株式会社	監査役
2020	R2・6・11	大臣官房審議官（国際技術、サイバーセキュリティ担当）	ドコモ・テクノロジ株式会社	取締役
2020	R2・6・12	関東総合通信局長	株式会社エヌ・ティ・ティ・データ・フロンティア	常務取締役
2020	R2・6・5	総務審議官（国際）	一般社団法人日本　ケーブルテレビ連盟	理事長
2020	R2・8・26	国際戦略局付	一般財団法人電気通信端末機器審査協	総務企画部長

			会	
2020	R2・7・1	大臣官房付	学校法人自治医科大学附属さいたま医療センター	事務部長
2020	R2・7・1	近畿管区行政評価局地域総括評価官	一般社団法人行政情報システム研究所	システム事業部技監
2020	R2・8・1	大臣官房付併任　大臣官房参事官	一般財団法人全国危険物安全協会	事務局長
2020	R2・7・1	関東総合通信局放送部長	一般財団法人日本アマチュア無線振興協会	養成部担当部長
2020	R2・7・1	大臣官房付併任　大臣官房参事官	全国都道府県議会議長会	議事調査部長
2020	R2・6・30	東北総合通信局放送部長	公益財団法人日本無線協会	担当部長
2020	R2・7・1	北陸総合通信局総務部長	一般財団法人移動無線センター	福岡センター利用推進部長
2020	R2・7・1	大臣官房付併任　大臣官房参事官	公益財団法人日本消防協会	総務部長兼秘書室長兼新日本消防会館建設事務局総務部長
2020	R2・7・1	自治財政局財務調査官	一般財団法人地域総合整備財団	総務部長
2020	R2・9・1	大臣官房付	参議院議員片山虎之助事務所	公設秘書
2020	R2・9・16	総務審議官(国際)	内閣官房	内閣広報室内閣広報官
2020	R2・10・19	大臣官房付	在ルーマニア日本国大使館	大使
2020	R2・11・1	大臣官房総括審議官	株式会社ドッツ	アドバイザー
2020	R2・10・28	大臣官房付	飯田市	市長
2020	R2・10・1	近畿総合通信局総務部長	公益財団法人日本無線協会	九州支部担当部長
2020	R2・10・14	四国総合通信局電波監理部長	株式会社かじ坊	パート社員
2020	R2・10・1	大臣官房付	公益社団法人地域医療振興協会	地域医療研究所事務部

				長
2020	R2・10・10	大臣官房付	三菱地所コミュニティ株式会社	契約社員
2020	R2・11・16	大臣官房付	株式会社ドコモCS	特別参与
2020	R2・11・1	東海総合通信局総務部長	一般社団法人電気通信事業者協会	総務部長
2020	R2・11・1	大臣官房付	住友生命保険相互会社	顧問
2020	R2・11・1	九州総合通信局長	一般社団法人電波産業会	参与
2020	R2・10・28	北海道管区行政評価局長	株式会社NTT東日本サービス	常勤監査役
2020	R2・10・22	大臣官房付併任 内閣官房審議官（内閣官房副長官付）命 内閣官房デジタル市場競争本部事務局次長	一般財団法人移動無線センター	事務局長
2020	R2・11・16	自治大学校長	SMBC日興証券株式会社	顧問
2020	R2・11・1	大臣官房付	株式会社日本経済研究所	理事
2020	R2・11・1	大臣官房付	東京海上日動火災保険株式会社	顧問
2020	R2・11・1	中国四国管区行政評価局長	三井住友信託銀行株式会社	本店法人業務第一部法人担当アドバイザー
2020	R2・11・1	関東総合通信局長	日本電気株式会社	顧問
2020	R2・11・1	大臣官房付	第一生命保険株式会社	公法人部顧問
2020	R2・11・1	大臣官房付	三井住友信託銀行株式会社	本店法人業務第一部法人担当アドバイザー
2020	R2・12・1	国際戦略局国際政策課情報通信国際戦略交渉官（総務省情報通信政策局宇宙通信政策課宇宙通信調査室長）	株式会社横須賀テレコムリサーチパーク	企画部長
2020	R2・12・1	大臣官房付	株式会社みずほ銀行	証券部顧問

2020	R2・10・19	関東総合通信局電波監理部長	一般財団法人テレコムエンジニアリングセンター	認証・試験事業本部技術認証第一部長
2020	R2・11・4	関東総合通信局総務部長	公益財団法人電気通信普及財団	総務部担当部長
2020	R2・11・1	国際戦略局技術政策課技術調査専門官（総務省情報通信国際戦略局宇宙通信政策課長）	日本無線株式会社	アドバイザー
2020	R2・12・1	大臣官房付	日本電気株式会社	顧問
2020	R2・11・21	大臣官房付併任　内閣官房内閣審議官（内閣官房副長官補付）命　内閣官房まち・ひと・しごと創生本部事務局次長 併任　内閣府本府地方創生推進室次長 併任　地方創生推進事務局審議官	富士通株式会社	シニアアドバイザー
2020	R2・12・1	大臣官房付併任　内閣官房内閣審議官（内閣官房副長官補付）命　内閣官房まち・ひと・しごと創生本部事務局次長 併任　内閣府本府地方創生推進室次長 併任　地方創生推進事務局審議官	Sansan株式会社	シニアアドバイザー

ざっとみると、まず「旧郵政省」の天下り先は華やかだ。衛星放送会社や民放キー局、NTTやKDDIの関連会社、通信機器メーカーなどの要職が並ぶ。また、関連の社団法人や財団法人などもたくさんあることがわかるだろう。

通信行政と放送行政の範囲内で人事異動を繰り返し、強力な裁量権限を振るう。そして、その先では関係業界に天下りする。この構造では、行政が機能不全に陥るのも無理はない。

次に「旧自治省」は、知事が多く出てくるのが特徴的だが、これ以外にも、ときどき名前を目にする所管法人が出てくる。「地方公共団体情報システム機構」「一般財団法人宝くじ協会」「一般財団法人自治総合センター」などだ。

「地方公共団体情報システム機構」（Ｊ－ＬＩＳ）は第５章でも述べたが、マイナンバーなどを担ってきた団体だ。理事長ポストは、かつては自治事務次官ＯＢの指定席だった。天下り指定席はさすがに批判を浴びてなくなり、現在の理事長は民間出身者になった。しかし、今も理事の主要ポストは旧自治官僚が占め、天下りの受け入れも続いている。

事業仕分けを生き延びた「宝くじ利権」

「宝くじ協会」と「自治総合センター」については、少し補足しておこう。これらは、６章で述べた、外郭団体システムが生き延びている事例だ。かつて民主党政権時代に事業仕分けで問題にされた「宝くじ利権」に関わる。

宝くじは、「当せん金付証票法」という法律に基づいて運営される。刑法上、賭博や富くじは違法行為とされているが、特別に認めているものだ。

法律の第一条にはこうある。

「この法律は、経済の現状に即応して、当分の間、当せん金付証票の発売により、浮動購買力を吸収し、もつて地方財政資金の調達に資することを目的とする」

法律が制定されたのは1948年だから、70年以上にわたって「当分の間」が続いていることになるが、これは日本の法令の世界ではそんなに稀なことではない。例えば、中学や高校の先生が免許のない科目を特例的に教えることが認められる「免許外教科担任制度」も、1953年に教員職員免許法附則で、教員の足りなかった当時の事情に鑑み「当分の間」の措置として設けられたが、そのまま続いている。

それはさておき、宝くじの目的は「地方財政資金の調達」だ。仕組みとしては、都道府県や政令市が、総務大臣の許可を得て発売する。発売事務は銀行等に委託され、実際にはその窓口で購入することになっている。

当選者への還元率は50%に満たない。同じ公営ギャンブルでも、競馬や競輪などは還元率70―80%だから、突出して低い。宝くじを買うのは割に合わない、とよく言われるのはこのためだ。

収益の残りがどこにいくかというと、約40%は発売元の自治体だ。これは自治体が公共事業などの幅広い事業に自由に使うことができる。つまり総務省の許可で、お小遣い稼ぎを認めているようなものだ。

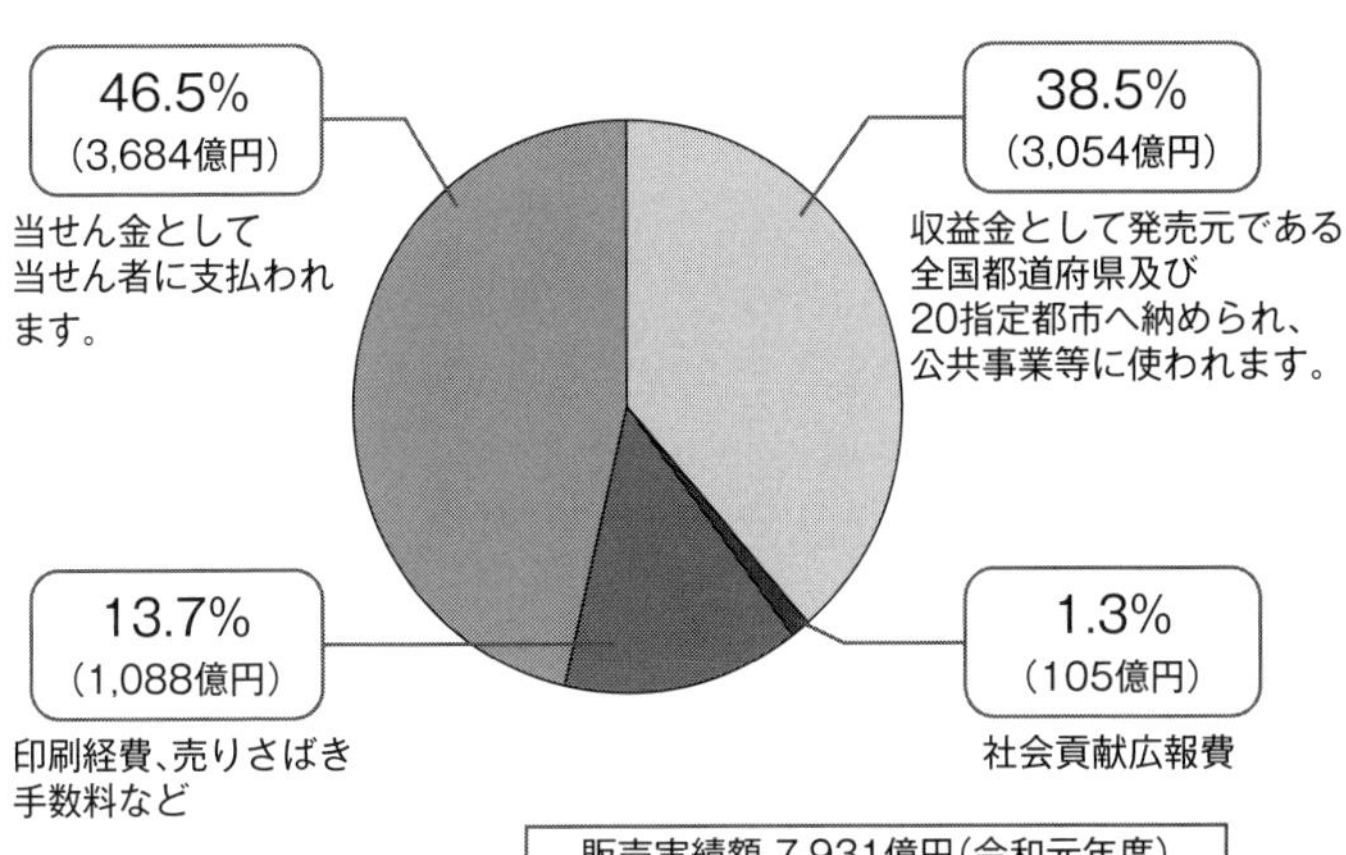

出典:宝くじ公式サイト

そして残りが、経費と「社会貢献広報費」になる。「社会貢献広報費」は、宝くじの発売元になれない全国各地の施設整備や、各種の社団法人・財団法人の社会貢献事業などへの助成にあてられ、その配分を担うのが「宝くじ協会」と「自治総合センター」だ。規模は全く異なるが、構造としては、郵便貯金を吸い上げ財政投融資を通じて特殊法人への助成等を行っていたのに近い。

両団体とも、自治省の伝統的な有力天下り先だ。本来ならば当選者に還元すべき資金が天下りＯＢの人件費に回されているのでないかなどと問題にされ、民主党政権の事業仕分けでは、いちどは「宝くじ協会などの関連事業を廃止」との結論が示された。「天下りの問題が解決するまで宝くじの発売停止」との話にまでなったが、結局その後事実上撤回され、多少金額を減らすぐらいで一件落着となった。そうして今も、両団体は健在で、天下りを受け入れ続けている。

凋落した旧総務庁の果たすべき役割

「旧郵政省」「旧自治省」と見比べて、寂しいのが「旧総務庁」だ。

再就職先で「総務省の非常勤職員」というのが目立つが、これはもとの職場で給与を下げて再雇用されているということだ。裏を返せば天下り先がないことを意味する。

かつて総務庁がもっと強力だった時代には、各省庁の所管する特殊法人や公益法人に天下りするケースがかなりみられた。団体の役員名簿をみると、所管官庁OBのほかに、なぜか畑違いのはずの総務庁OBも並んでいることがよくあった。これは有体にいえば、行革で総務庁に切り込まれるのを避けたい各省庁が、貸しを作るために天下りポストを差し出していたものだ。

こうしたケースの減少は、各省庁にとって旧総務庁が怖い存在ではなくなったこと、つまり仕事のパフォーマンスが低下したことを意味している。役所のパワーの盛衰は、こうして天下り先に如実にあらわれる。

天下りリストから各省庁の状況を分析できるのは、外部からの観察者にとっては便利だ。しかし、健全な状態ではない。旧郵政省から通信・放送業界への天下りは、官民癒着の温床になっている可能性が否めない。

再びかんぽ不正販売に話を戻すと、総務事務次官による情報漏洩も問題になった。日本郵政への行政処分の検討状況について、当時の鈴木茂樹・総務事務次官が鈴木康雄・日本郵政上級副社長に漏洩し、２０１９年12月に更迭される事態になった。

同様のことが、通信・放送事業者の天下りＯＢとの関係で生じる可能性は当然ある。行政処分のような非常時に限らず、例えば電波の帯域に関して「近くこの帯域があきそうだ」といった情報がいち早くもたらされるかもしれない。政策方針転換が内部で検討されていることがこっそり伝えられるかもしれない。情報伝達に限らず、有力ＯＢのいる事業者には有利な取り計らいがなされているかもしれない。

こうした関係が、本書でこれまでずっと指摘してきた「不透明な馴れ合い構造」をより強固にしている。

旧自治省の天下り団体は宝くじ利権などを通じ、「中央による地方統制」を支える歯車になっている。

官庁の抱える機能不全は、天下りで増幅され、より強固になっていく。

幹部クラスの官僚でも、中には天下りをしない人がいる。例えば私の経産省時代の先輩の長谷川榮一氏は、中小企業庁長官まで務め、官庁のあっせんで天下りをしなかった一人だ。安倍政権での総理大臣補佐官などを経て、現在は自ら就職活動してコンサルティング会社や大手投資ファンドのアドバイザーを務める。長谷川氏はこう話す。

「エリートならハンディ無しで勝負せよ。再就職先は自分で探すべきだ。そうした志と廉直さを持つことで、国民からの信頼の基盤ができる。信頼で説得力が高まれば、政策の実効性も高まる」

骨抜きになってしまった「天下り規制」は整備し直す必要がある。これは「内閣人事局」で早急に取り組むべき課題だ。

旧総務庁はここで再びパワーを発揮しなければならない。

終章

総務省改革プラン

心臓部の3つの分野での間違い

国家の心臓部がいかに機能不全を起こしてきたかを述べてきた。

20年前の省庁再編は、国のかたちを大きく変えるために断行された。ところが、国家の心臓部にあたる3つの分野で組織設計がうまくできなかった。具体的には、

- これからの経済社会の基盤である「情報通信」、
- 全国自治体の地域経営機能を左右する「地方自治」、
- そして国家の行政機能全体に関わる「行政管理」、の3分野だ。

大事なところでの間違いは、日本の経済社会に大きく響いた。

「総務省」は、これら3分野を担う官庁として、省庁再編で設けられた。ただ、3分野の相互関連性は乏しい。結局、「総務省」という如何にも大官庁らしき看板のもとで、「旧郵政省」「旧自治省」「旧総務庁」が交じり合うことなく、そのまま維持されることになった。そして、各組織が抱えてきた問題が、それぞれの殻の中で増幅されることになった。「情報通信」分野を担う旧郵政省は、電波割当をはじめ、裁量性のとりわけ強い規制権限を維持してきた。「総務省」発足はこの分野では、大括り化とは逆で、旧郵政省情報通信部門の省への昇格を意味していた。

狭い所管領域での強すぎる規制権限は、不透明な馴れ合い構造をもたらした。通信業界の競争促進は不十分にとどまり、革新的イノベーターの登場は阻まれた。放送業界ではさらに時代遅れの護送船団方式が続き、テレビの衰退を招いた。

「地方自治」分野では、自治省という官庁自体がそもそも、明治以来の中央統制を担う組織だった。中央統制モデルは、富国強兵から高度成長の時代には適合したが、20世紀終盤にはモデルチェンジが求められ、「地方分権」が大きなうねりになった。

その最中に実施された省庁再編で、本来は、自治省は一定期間後に廃止と定め、地方分権をさらに前進させたらよかった。ところが、旧自治省を実質的にそのまま残したため、その後の地方分権の停滞につながった。

「行政管理」分野では、１９９０年代は政治・行政の諸改革が大きく前進した時代だった。総務庁はそのうち行政改革の担い手だった。弱小官庁扱いされながらも、土光臨調を受け継いだ行革審などの力を借り、規制緩和・民営化・地方分権・行政手続・情報公開など多くの大仕事を成し遂げた。

ところが省庁再編後は、それぞれの改革組織が独立・細分化され、旧総務庁は役割を喪失し、改革の統合的な推進力は失われていった。

こうした機能不全をどうしたら解消できるのか。ここまで述べてきたこととも重なるが、「総務省改革プラン」を改めて整理しておこう。

情報通信：「電波監理委員会」を復活せよ

◆「電波監理委員会」の復活

強すぎる規制権限の問題解消には、ルールの透明化とともに、規制主体の透明化が欠かせない。官民癒着や政治圧力に影響されない、独立性の高い規制機関が必要だ。このため、戦後に一時存在した「電波監理委員会」を復活すべきだ。

ただ、通信・放送行政全体を新たな独立規制機関に移すのでは、看板の掛け替えになりかねない。それよりもむしろ、強すぎる規制権限の中核である「電波割当」と「電波の有効利用の監視」の権限に絞るのがよい。それだけで、新たな「電波監理委員会」は、通信・放送行政に幅広く口出しできる。

例えば放送行政で恣意的な外資規制運用がなされれば、「電波の有効利用」の観点で是正を求めることができる。小粒だが強力な独立規制機関を設けることが、通信・放送行政全体の健全化につながる。

残された通信・放送行政の部門は、デジタル庁に統合するのがよい。あわせて、経済産業省の情報産業担当部門も統合したらよい。デジタル庁は当面、従来の内閣官房ＩＴ室などを母体に、国や自治体の行政機能のＤＸを推進する機関としてスタートする予定だ。ここにさらに、旧郵政省や経産省の情報通信担当部門も加えれば、経済社会全体のＤＸを推進する機関にバージョンアップすることができる。

◆「電波オークション」の導入

新たな「電波監理委員会」で取り組むべき課題として、「電波オークション」は導入すべきだ。電波オークションは１９８０年代以降に世界中で導入されたが、日本だけが導入を拒んできた。旧郵政省は「自分たちに任せてもらえば、最善の割当を行う」と胸を張ってきたが、その限界はもはや明らかだ。こうした行政手法こそ、不透明な馴れ合い構造の根源にほかならない。割り当てられた帯域を買い取る逆オークションなども含め、早急に制度整備を進めるべきだ。

◆通信は競争促進の徹底

通信行政では、競争促進の徹底が必要だ。かつて１９９０年代はＮＴＴ再編や通信網開放など競争政策が強力に進められたことがあった。しかし、その後の携帯市場に十分対応できず、不透明な馴れ合い構造に陥った。日本でＧＡＦＡが生まれなかった要因は多々あるが、背景にあったのがこの馴れ合い構造だ。競争促進の徹底を図らなければ、問題は解決しない。スマホ料金はいちど下がっても、いずれ再び上昇するだけになりかねない。

◆放送は護送船団方式の廃止

放送行政では、護送船団方式の廃止が必要だ。キー局・ローカル局の構造を維持するためネット配信を遅らせているような現状では、放送業界に未来はない。通信も取り込んだ業界の大改革に向かう必要がある。そのため、ＮＨＫの資産開放は有効な手立てであり、ＮＨＫを改革の起点とすべきだ。

地方自治：自治省を廃止・民営化せよ

◆自治省は廃止・民営化（自治体への公務員派遣会社に）

自治省は、本来は省庁再編のとき、期限を切って廃止しておくべきだった。地方分権を本当に進めるならば、中央統制のための組織は必要ない。一定の経過期間を定め、廃止すべきだ。

自治体間での収入格差はあるから、財政調整は必要だ。しかし、これは年齢層別人口などに基づき、簡易なルールを設けて機械的に行えばよい。そのために自治省という組織を残して分配を担わせる必要はない。

自治省という組織は不要だが、自治省がこれまで自治体に人材派遣してきたことは有用だった。自治体にとっては、ほかの自治体でも経験を積み、地域のしがらみにとらわれない人材を受け入れるのは悪いことではない。だからこそ、副知事や部課長ポストで相当な活躍をし、知事に担ぎ出されることも少なからず起きてきた。

これは、旧自治省という上級官庁からの人材派遣である必要はない。自治体への公務員派遣会社に改組し、流しのプロ地方公務員の人材プールになればよい。旧自治省だけでなく、国土交通省や農林水産省などで地方での仕事に意欲を持つ人材も、ここに参画したらよい。

また、国には地方分権の推進・監視組織は残す（後で述べる「内閣行政管理局」）。自治体での経験を活かし、ときに国でも勤務したらよい。

◆ねじれた地方自治の解消、GovTechの推進

現在の地方自治はねじれている。地方に任せるべきことは中央で統制し、中央で統制すべきことは地方に委ねている。

例えば第5章で述べたように、地域の農業をどう活性化するかは、地方に委ねたらよいが、国で統制して地域の可能性を奪っている。逆に、同じ章で述べたように、データ集計やシステムの運営などは、中央で統制すべきだが地方に委ね、混乱や膨大な非効率を招い

ている。

ねじれた関係を整理して地方分権を進める必要がある。これは、地方分権の推進・監視組織で真っ先に取り組むべき課題だ。

さらに、国と自治体の関係整理の先には、GovTechの未来に向けて、政府の役割の見直しという課題もある。これはデジタル庁とも連携して早急に取り組む必要がある。

行政管理：「令和の第三臨調」を創設せよ

◆「令和の第三臨調」の創設、「内閣行政管理局」への改組

総務庁は、第二臨調の「総合管理庁構想」から生まれた。内閣機能の強化を目的とした構想だった。その出自から考えて、省庁再編でこれを内閣の外に置いたのが大失敗だった。内閣機能の重心が失われ、行政管理・行政改革の機能低下につながった。

規制改革や地方分権、政策評価に基づくPDCAの徹底なども含め、総合的に行政改革を推進する体制を整備し直さなければいけない。「令和の第三臨調」を立ち上げ、それを支える「内閣行政管理局」を設ける必要がある。

旧総務庁だけでなく、各省庁や自治体で諸改革に関わり活躍してきた人材も糾合し、「改革のプロ」人材を組織化することも重要だ。改革で活躍した人材が出世できる組織が

なければ、なかなか人は動かないし、人材の育成もできない。

◆「内閣人事局」の正常稼働

「内閣人事局」には批判が強いが、官僚たちが各官庁のボスではなく国民をみて仕事をする環境を作るため、不可欠な組織だ。問題は２０１４年の発足以来、能力・実績主義の徹底など必要な人事改革を怠ってきたことだ。これが間違った「官邸への忖度」なども生んだ。

マスコミ・野党では「内閣人事局を廃止すべき」との声も強いが、そうではなく、内閣人事局を正常に稼働させることが課題だ。

もう1つの所管業務「新聞業」

以上、「情報通信」「地方自治」「行政管理」の３機能に即して、総務省の改革プランを述べてきた。

もう1つ、総務省には裏所管分野があることも述べておこう。「新聞業の所管」だ。

各省にはそれぞれ設置法があって、どの産業をどの省庁が所管するのか、法律で決まっている。例えば総務省設置法では「電気通信業及び放送業の発達、改善及び調整に関する

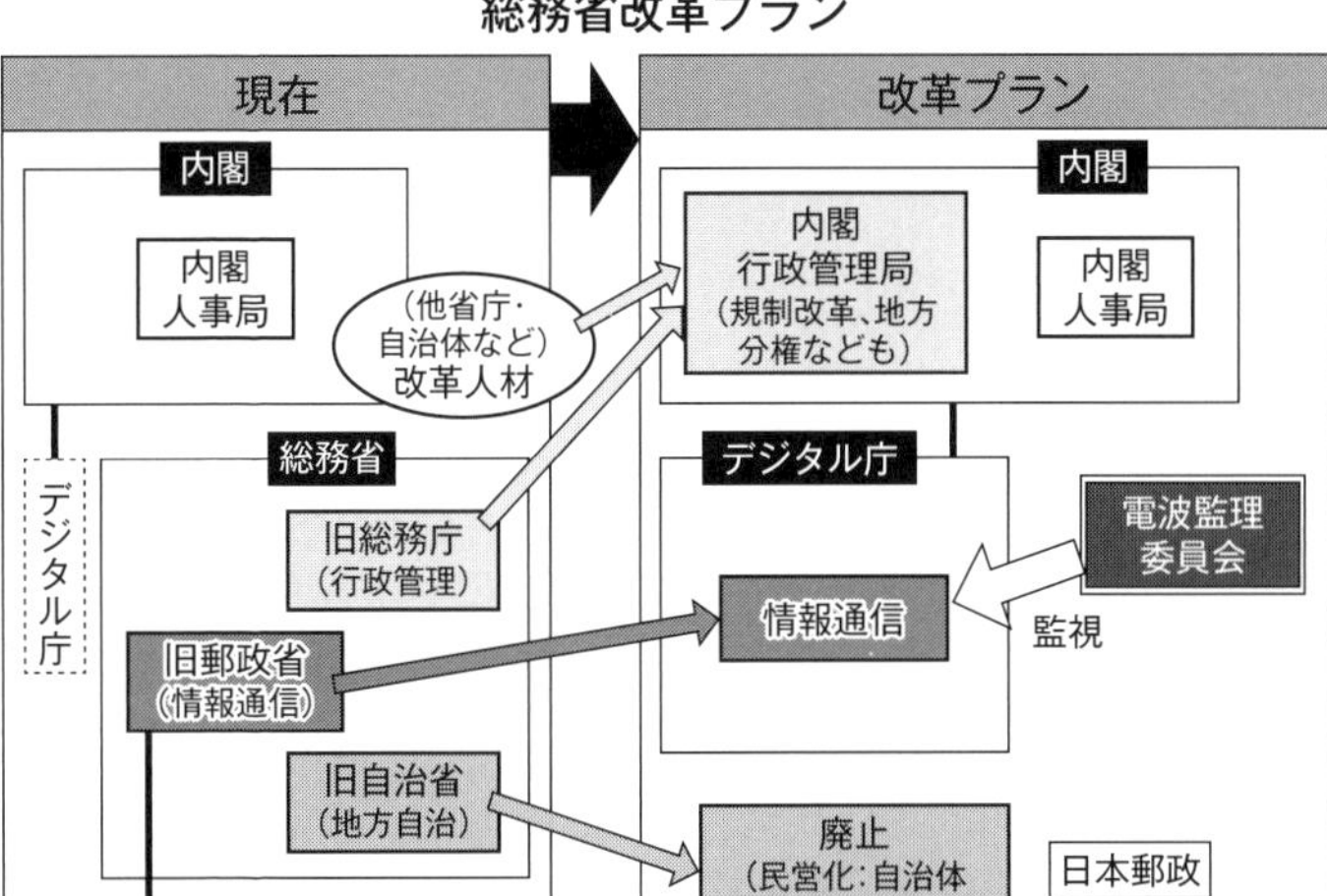

こと」、建設や運送は国土交通省、農林水産業は農林水産省、製造業やエネルギーは経済産業省といった具合だ。基本的にもれなく、すべての産業がどこかの官庁の所管に属する。

ところが、その中で新聞業だけは所管官庁が存在しない。これは、新聞の独立性を重んじたためだ。かつて新聞協会が文部省所管の公益法人だったことはあるが、当時は社団法人に必ず所管官庁が必要だったためで、新聞業の所管官庁ではなかった。

そこに裏事情が生じたのは、テレビとの関係だ。テレビ業界が新聞と一体で系列化され、クロスオーナシップ構造が確立された。読売新聞＝日本テレビ、朝日新聞＝テレビ朝日、毎日新聞＝ＴＢＳ、産経新聞＝フジテレビなど、資本関係はまちまちだが、それぞれ密接な関係が保たれている。

結果として総務省は、放送行政を通じて、新聞社に影響を及ぼすことが可能になった。例えば、外資規制をどう運用するのか、ネット同時配信を認めるのか、ローカル局再編をどうするのか、いずれも新聞社の経営に直結しうる。実質的には所管関係と同じようなものだ。

ちなみに、新聞業を実質的に所管するのは総務省だけではない。軽減税率の適用などを通じ、財務省も共管官庁の1つだ。

所管関係の帰結は、業界が官庁の顔色をうかがわざるをえないことだ。しかも、放送行政も軽減税率適用も、官庁側がとりわけ強い権限を有している。新聞は、一般の業界以上に、官庁の顔色をうかがうことになる。

だから、日本の新聞報道は歪む。役所に言われた情報ばかり垂れ流しがちになる。第6章で国家戦略特区に関する虚偽報道のことを述べた。官庁とマスコミが結託して「新・利権トライアングル」が成立するのも、根っこにはこの所管関係があった。

国家の心臓部を機能させ、マスコミを正常化するため、「総務省改革」が必要だ。難題だが、日本の未来のために進めなければならない。

【著者略歴】

原　英史（はら・えいじ）

株式会社政策工房代表取締役社長。

1966年生まれ。東京大学卒、シカゴ大大学院修了。通商産業省（現・経済産業省）入省後、規制改革・行政改革担当大臣補佐官などを経て退職。2009年に株式会社政策工房を設立。国家戦略特区ワーキンググループ座長代理、規制改革推進会議投資等ワーキンググループ座長（－2019年）、大阪府・市特別顧問、ＮＰＯ法人万年野党理事なども務める。

主著に『岩盤規制』（新潮新書）、共著に『国家の怠慢』（新潮新書）などがある。

総務省解体論

2021年６月16日　第１刷発行

著　者　原　英史
発行者　唐津　隆
発行所　株式会社ビジネス社
〒162－0805　東京都新宿区矢来町114番地
神楽坂高橋ビル５Ｆ
電話　03－5227－1602　FAX 03－5227－1603
URL　http://www.business-sha.co.jp/

〈装幀〉中村　聡
〈本文組版〉有限会社メディアネット
〈印刷・製本〉モリモト印刷株式会社
〈営業担当〉山口健志
〈編集担当〉中澤直樹

ISBN978-4-8284-2287-9

ビジネス社の本

eBayで100万円稼ぐ！ ネット個人輸出の成功マニュアル

志村康善……著

定価　1760円（税込）
ISBN978-4-8284-2262-6

ファッション・ブランド、スニーカー、アニメ・キャラクターのフィギュア、レコード・CD、カメラ――安く仕入れた日本製品が、海外で2倍の値段で売れる！「副業」は、趣味を生かして儲けよう！

スマホやPCがあれば、いつでも、どこでも簡単に。日常会話レベルの英語力で、操作ができる。プロ出品者の「マル秘テクニック」を、こっそり教えます。すぐに使えるノウハウが満載！

本書の内容

第1章　魅力あふれる「ネット個人輸出」の世界
第2章　世界から求められる日本の品々
第3章　アマゾンvsメルカリvsヤフオクvseBay
第4章　私の実践！　とっておきの商品仕入れ術
第5章　ネット個人輸出のリアル販売ノウハウ
第6章　失敗しないために！　成功者だけが知っているマル秘・豆知識